W0410506

Oskar Meggeneder
Horst Noack
(Hrsg.)

Wie steuerbar ist das Gesundheitswesen?

Tagungsband der zweiten wissenschaftlichen Tagung der
Österreichischen Gesellschaft für
Gesundheitswissenschaften & Public Health
23. bis 24. April 1998

Linz 1999

Schriftenreihe „Gesundheitswissenschaften"
Herausgegeben von Univ.-Prof. Dr. Josef Weidenholzer
Institut für Gesellschafts- und Sozialpolitik
Johannes Kepler Universität Linz
In Zusammenarbeit mit der Oberösterreichischen
Gebietskrankenkasse
Band 9: Wie steuerbar ist das Gesundheitswesen?

Wissenschaftlicher Beirat:

Mag. Johann Mayr,	Direktor OÖ Gebietskrankenkasse
Dr. Michaela Moritz,	Österr. Bundesinstitut für Gesundheitswesen
Univ.-Prof. Dr. R.H. Noack, Ph.D.,	Institut f. Sozialmedizin, Universität Graz
Univ.-Prof. Dr. Ewald Nowotny,	Abgeordneter z. Nationalrat, Parlament
Dr. Josef Probst,	Generaldir.-Stv., Hauptverband d. österr. Sozialversicherungsträger
Dr. Josef Schachinger,	Dir.-Stv. OÖ Gebietskrankenkasse
Univ.-Prof. Dr. Reinbert Schauer,	Institut f. BWL der gemeinschaftlichen Unternehmen, Universität Linz
Univ.-Prof. Dr. Josef Weidenholzer,	Institut für Gesellschafts- und Sozialpolitik, Universität Linz

Redaktionelle Betreuung: Mag. DDr. Oskar Meggeneder, Dir.-Stv. OÖ Gebietskrankenkasse

Medieninhaber: Oberösterreichische Gebietskrankenkasse
Copyright 1997 by den AutorInnen
Umschlag: Reinhard Koppensteiner

ISBN 3-900581-22-3

Printed in Austria

Inhaltsverzeichnis

Abbildungsverzeichnis

Diese Publikation wurde mit Unterstützung der Firma Austrodent, Wien gedruckt.

Geleitwort

Die Österreichische Gesellschaft für Gesundheitswissenschaften und Public Health (ÖGGW&PH) konnte in diesem Jahr ihre zweite wissenschaftliche Tagung mit Unterstützung der Oberösterreichischen Gebietskrankenkasse, des Landes Oberösterreich, dem Magistrat Linz und der Raiffeisenlandesbank OÖ durchführen. Mitveranstalter waren das Bundesministerium für Arbeit, Gesundheit und Soziales und das Bundesministerium für Wissenschaft, Verkehr und Forschung.

Wir danken den Sponsoren sehr herzlich für die großzügige Unterstützung. Unser besonderer Dank gilt dem Vorsitzenden des Organisationskomitees Mag. DDr. Oskar Meggeneder sowie Frau Andrea Rosenkranz und Frau Martina Blutsch von der Oberösterreichischen Gebietskrankenkasse. Sie haben entscheidend zum großen Erfolg der Veranstaltung beigetragen.

Wir freuen uns, daß wir unsere wissenschaftlichen Tagungen auch in den kommenden Jahren in Linz durchführen können. Die dritte Jahrestagung wird am 15. und 16. April 1999 im Tagungszentrum der Raiffeisenlandesbank OÖ in Linz stattfinden. Und wir sind zuversichtlich, damit einen Beitrag zur Entwicklung der Gesundheitswissenschaften und des öffentlichen Gesundheitssektors in Österreich zu leisten.

Graz, im Juni 1998

Univ.-Prof. Dr. R. H. Noack
Präsident der ÖGGW&PH

Vorwort

Oskar Meggeneder

Eine Auseinandersetzung mit der Steuerbarkeit des Gesundheitswesens im wissenschaftlichen Kontext, darf den Blick nicht auf die politische Realität verstellen, in dem sich die Steuerungsprozesse vollziehen. Ob diese systematisch geplant sind oder reaktiv erfolgen, ist in diesem Zusammenhang zunächst unerheblich. Ein Blick zu unserem Nachbarn Deutschland kann aufschlußreich sein. Hier mag man ja zunächst eine hohe Reformfreudigkeit vermuten. Der aufmerksame Beobachter wird aber rasch erkennen, daß unter der Ankündigung einer ordnungspolitischen Gestaltung ideologisch definierte Scheinalternativen, wie „Markt versus Staat" und „Wettbewerb versus Dirigismus" gesundheitspolitische Fragestellungen überdeckt oder verdrängt werden (GRIESEWELL 1994, S. 28). Die verschiedenen Gesundheitsreformer in Deutschland sind unter dem Anspruch angetreten, die „Kostenexplosion" im Gesundheitswesen unter Kontrolle zu bringen. Eine nüchterne Betrachtung der Ergebnisse zeigt, daß die Einführung des Wettbewerbs im Gesundheitswesen nur auf der Nachfragerseite - und selbst da nur unvollkommen - erfolgt ist. Von einer Eindämmung der „Kostenexplosion" kann aber keinesfalls die Rede sein. Allenfalls konnten die Ausgaben der Arbeitgeber und der öffentlichen Hand einigermaßen stabilisiert werden; dies allerdings zu Lasten der Patienten, die in Form einer massiven Ausweitung der Selbstbehalte zur Kasse gebeten wurden, so daß sich insgesamt das Gesundheitswesen verteuert hat.

In Österreich schielen zwar die Politiker - durchaus quer durch die verschiedenen politischen Lager - auf den Nachbarn Deutschland und liebäugeln mit einer liberalen Wirtschaftspolitik; verspüren aber in der Gesellschaft einen bislang noch anhaltenden sozialen Konsens, der es nicht ratsam erscheinen läßt, tiefgreifende Systemveränderungen im Gesundheitswesen zu versuchen. Die Beiträge der wissenschaftlichen Tagung zur Steuerbarkeit des Gesundheitswesens beschäftigten sich daher auch weniger mit Empfehlungen zu einem radikalen Einschnitt in das bestehende System, sondern mit den Möglichkeiten aber auch Schwierigkeiten der Steuerung im bestehenden System. Die durchwegs kritischen Beiträge der ReferentInnen aus der Bundesrepublik Deutschland stellten im übrigen auch eine mögliche Vorbildwirkung unseres großen Nachbarn in Frage.

Die Beiträge von Noack sowie Schwartz und Wismar setzen sich aus österreichischer respektive deutscher Sicht grundsätzlich mit der Steuerbarkeit des Gesundheitswesens auseinander, wobei sie die Fragestellung in einen breiten wissenschaftlichen Kontext einbetten. Noack unterscheidet zwei Steuerungsebenen: Die Ebene der Politik und der Rahmenbedingungen und die Ebene der Gesundheitsorganisationen und Netzwerke im Krankenversorgungs- und Pflegebereich, aber auch in der Gesundheitsförderung und im Gesundheitsschutz. In Österreich sind die Hauptakteure die politischen Bürokratien des Bundes und der Länder, die Sozialversicherungsträger und die private Versicherungswirtschaft. Dazu kommen die Interessenvertretungen der Ärzte und Apotheker, die Berufsverbände der nichtärztlichen Gesundheitsberufe, sowie die Verbände und Innungen der Pharmaproduzenten und anderer gesundheitsbezogener Wirtschaftszweige. Für Noack zeigt die vielzitierte Krise des Gesundheitswesens mehrere Entwicklungstrends: Medikalisierung der Gesundheit, Individualisierung der Verantwortung für die Gesundheit, Ökonomisierung der medizinischen Versorgung und Rückzug der Politik aus dem öffentlichen Gesundheitssektor. In Österreich besteht wie auch in anderen europäischen Ländern eine erhebliche Lücke epidemiologischen und gesundheitswissenschaftlichen Wissens, welches daher überhaupt nicht oder nur sehr begrenzt in die Gesundheitspolitik und die Steuerung des Gesundheitssystems einfließen kann. Noack, der für dieses Defizit die Ursache unter anderem im Fehlen einer modernen postgradualen Public Health Ausbildung und entsprechenden berufsbegleitenden Weiterbildung sieht, beschäftigt sich in seinem Referat ausführlich mit dem Steuerungs- und Wissensbedarf und orientiert sich dabei an den WHO-Zielen für die europäische Gesundheitspolitik der kommenden Jahrzehnte. Auch Schwartz und Wismar setzen sich in ihrem Beitrag zunächst mit den gesundheitspolitischen Zielen und ihrer Umsetzung auseinander. Sie behandeln das Thema aus politikwissenschaftlicher Sicht und folgen dem Korporatismus-Ansatz. Die Besonderheit des deutschen und im übrigen auch des österreichischen korporatistischen Modells ist, daß im Gesundheitswesen der Staat einen nicht unerheblichen Teil seiner Hoheitsrechte auf die Selbstverwaltungskörperschaften der gesetzlichen bzw. sozialen Krankenversicherungsträger sowie gesetzlichen Interessenvertretungen der Ärzte überträgt. Die Autoren erläutern das korporatistische Modell an einigen

Fallbeispielen im Zuge der letzten Gesundheitsreformen in Deutschland. In ihren Schlußfolgerungen kommen sie zum Ergebnis, daß zwar der Korporatismus reformbedürftig ist und einer Weiterentwicklung bedarf, daß er aber im Sinne einer effektiven und effizienten Steuerung des Gesundheitswesens - quasi - privatwirtschaftlichen Systemen überlegen ist.

Daß Krankenhaushygiene nicht nur unter Qualitätskriterien, sondern auch unter Steuerungsaspekten zu beurteilen ist, konnte im Workshop „Krankenhaushygiene als Aufgabe der Qualitätssicherung“ gezeigt werden. Die Aufgabe der Krankenhaushygiene ist es, Krankenhausinfektionen zu vermeiden. Unter Krankenhausinfektion versteht man die Ansteckung mit einem Krankheitserreger, der zum Zeitpunkt der Aufnahme eines Patienten in ein Krankenhaus weder manifest noch in der Inkubationszeit vorhanden war. Diese nosokomialen Infektionen stellen ein ernsthaftes Problem dar und gefährden nicht nur die Gesundheit der Patienten, sondern sie verursachen auch erhebliche Kosten. Mittermayer weist zu Recht darauf hin, daß zwar ein Großteil der österreichischen Krankenanstalten zumindest ansatzweise die wichtigsten Anforderungen moderner Krankenhaushygiene erfüllen, daß aber über die Ergebnisqualität, mangels spärlich vorhandener Daten, kaum Aussagen gemacht werden können. Er tritt daher vehement für eine gezielte Präventionsstrategie in den Krankenhäusern ein, und ordnet dieser auch eine Steuerungsfunktion zu: „Konnten die Krankenanstalten zuvor noch einen Teil der Kosten, die durch nosokomiale Infektionen entstanden sind, auf andere Kostenträger abwälzen, so müssen die Kosten heute direkt getragen werden.“ Auch Gehrer spricht sich für ein gezieltes Hygienemanagement in den Krankenhäusern aus, und stellt - zumindest in Überschriften - ein schlüssiges Konzept dar.

Im Workshop „Die Rolle der Krankenkassen bei der Reform des Gesundheitssystems“ verweist Mayr aus österreichischer Sicht auf die Notwendigkeit, Grundziele für das öffentliche Gesundheitswesen zu vereinbaren. Erst wenn es derartige klar definierte Ziele gibt, kann die Frage nach dem „Wie“ einer Reform des öffentlichen Gesundheitswesens anschließen. Für ihn gibt es aus Sicht der sozialen Krankenversicherung mehrere Grundziele. Der Zugang zu Leistungen des öffentlichen Gesundheitswesens muß unabhängig vom Einkommen, vom Vermögen, vom Geschlecht und von anderen individuellen Eigenschaften nach dem Gleichheitsprinzip möglich sein. Jeder muß jene medizinischen Leistungen bekommen, die entsprechend dem

Gesundheitszustand benötigt werden. Die für das Gesundheitswesen eingesetzten Mittel müssen in bezug auf vorher definierte Gesundheitsziele effektiv eingesetzt werden. Auf einen effizienten Mitteleinsatz ist zu achten und die erstellten Gesundheitsleistungen müssen vereinbarten Qualitätsnormen genügen.

Mayr sieht den Reformbedarf der sozialen Krankenversicherung in Richtung einer Anwaltschaft für die Versicherten und Beitragszahler. Hierbei geht es vor allem darum, daß über Vertragspartner oder eigene medizinische Einrichtungen qualitativ hochwertige Leistungen angeboten werden, die Leistungsempfänger vor gesundheitsschädlichen und gesundheitsgefährdenden Behandlungen geschützt werden und die Servicequalität, das heißt, die Art und Weise, wie die Gesundheitsleistungen von den Systempartnern erbracht werden, wesentlich verbessert wird.

Braun setzt sich mit der Reformpolitik der deutschen Krankenkassen auseinander. Um jedoch Reformschritte überhaupt erfolgreich durchführen zu können, bedarf es seiner Meinung nach zunächst einer Entmystifizierung stereotyper Aussagen zur Gesundheitspolitik. So haben beispielsweise die wiederkehrenden Behauptungen einer Kostenexplosion im Gesundheitswesen und einer mißbräuchlichen Inanspruchnahme medizinischer Leistungen durch die Versicherten vor allem legitimatorischen Charakter. Das heißt, daß derartige in der Regel unbewiesene Behauptungen die Ansätze einer Gesundheitsreform in eine ganz bestimmte Richtung lenken. Offensichtlich wird die Uninformiertheit der Bevölkerung über wesentliche Inhalte der politischen Regulation des Gesundheitswesens gefördert oder zumindest billigend in Kauf genommen. Braun untermauert diesen Befund durch eine empirische Erhebung über den Informationsstand der deutschen Bevölkerung über das Gesundheitsstrukturgesetz 1993 und 1995. Er behandelt anschließend die Bedeutung der gesetzlichen Krankenkassen für Reformen des Gesundheitssystems und stellt dies exemplarisch an zwei umfangreichen Themenbereichen dar. Und zwar zum einen am Beitrag der Krankenkassen zu einer qualitativ hochwertigen und nachhaltigen Berichterstattung über den Umfang und die Ursachen gesundheitlicher Risiken sowie über den Umfang und die Qualität der medizinischen Versorgung und damit der Beitrag der gesetzlichen Krankenversicherung zu einer bedarfsorientierten und leistungsgestaltenden Gesundheitspolitik. Zum zweiten zeigt er den eigenen Beitrag der Krankenkassen zur Verbesserung der Prozeßqualität und dementsprechend zur Lebensqualität sowie zur Wirtschaftlichkeit der Versorgung chronisch kranker Personen. Dies kann durch Methoden des Case- oder Fall-Managements in Kooperation mit Leistungsanbietern erfolgen.

Die Reform der Krankenhausfinanzierung steht nun bereits das zweite Jahr auf dem Prüfstand und dies war auch das Thema des Workshops: „Leistungsorientierte Krankenhausfinanzierung: Eine Zwischenbilanz". Die Ziele der Krankenhausreform sind relativ klar formuliert: Vom Finanzierungssystem müßten starke Anreize zur Sparsamkeit und zu wirtschaftlichem Verhalten der Krankenanstaltenträger und der Krankenhausbetriebsführung ausgehen. Das Finanzierungssystem muß in seiner Ausgestaltung einfach und transparent sein und das Finanzierungssystem muß als Steuerungssystem die Möglichkeit bieten, die Strukturen und das Leistungsangebot zu beeinflussen. Gaugg zeigt anhand umfangreichen Datenmaterials den Zwischenstand der neuen Krankenhausfinanzierung. Auch Tinhofer verwendet in seinem Beitrag bislang vorliegendes Datenmaterial, legt aber den Schwerpunkt auf eine Darstellung der Steuerungskriterien der Artikel 15a BVG Vereinbarung. Zusätzlich beschäftigt er sich in seinem Artikel mit managed care, also jener Steuerungsform, die ausgehend von den USA Krankenbehandlung in weitgehend unregulierten Märkten regelt und steuert. Er verweist auf jene Aspekte, die in Europa vom US-amerikanischen Modell des managed care übernommen werden könnten.

Im Rahmen des Workshops „Psychiatrische Versorgung und Mental Public Health" beschäftigt sich Danmayr mit der Steuerung in der psychiatrischen und psychosozialen Versorgung. Diese ist seiner Meinung nach als sehr schwierig einzustufen, handelt es sich doch um ein Mischsystem unterschiedlicher Anbieter im Gesundheits- und Sozialbereich mit einem breiten Feld an Leistungsangeboten, das von Beratung im Vorfeld psychischer Erkrankungen bis hin zur stationären Betreuung reicht. Nach einer thesenartigen Darstellung des Ist-Standes beschäftigt er sich mit den Perspektiven einer psychiatrischen Versorgung und stellt eine Reihe von Maßnahmen vor. Diese reichen von der Erstellung eines österreichischen Psychiatrieplanes im Rahmen klar definierter Ziele bis hin zur Erhöhung der psychiatrischen und psychosozialen Kompetenz in Pflegeheimen, Altenheimen und im ambulanten Bereich, um Defizite in der gerontopsychiatrischen Versorgung abzubauen.

Piribauer und Müller gingen im gleichnamigen Workshop der wichtigen Frage nach: „Wie kann der öffentliche Gesundheitsdienst reformiert werden?". Piribauer verweist zu Recht darauf, daß eine Reform die Formulierung von Zielvorstellungen voraussetzt. Er hält es für sinnvoll, daß sich die Ziele und die daraus folgenden Maßnahmen aus der Lubljana Charta 1996 der Weltgesundheitsorganisation ableiten sollen. Bei der Einschätzung einer Reform des öffentlichen Gesundheitsdienstes in Österreich zeichnen sich für Piribauer mehrere Schwerpunkte ab. Der Einsatz neuer Methoden - und zwar insbesondere PR-Methoden - auch bei der Fortführung traditioneller Aufgaben; ein Wandel zum Qualitätsmanagement; eine Auslagerung der unmittelbar erbrachten Dienstleistungen, vor allem der Beratungsdienste, an unabhängige Träger, die Einführung einer aktivierenden Gesundheitsberichterstattung, die auch für interessierte BürgerInnen verständlich ist, die Unterstützung von Gesundheitsförderung in Regionen, sowie eine Qualitätssicherung durch geeignete Systeme der Qualitätslenkung der lokalen Gesundheitsversorger.
Auch in Deutschland steht der öffentliche Gesundheitsdienst vor neuen Herausforderungen. Dieser soll sich zu einem kommunalen Instrument der Gesundheitspolitik entwickeln. Die Kernelemente einer Neuorientierung sind nach Müller die Schaffung von Handlungsgrundlagen für die kommunale Gesundheitspolitik sowie eine Weiterentwicklung der Fachdienste des öffentlichen Gesundheitsdienstes. Die Autorin behandelt ausführlich die hemmenden und fördernden Faktoren bezüglich einer Neuordnung des öffentlichen Gesundheitsdienstes. Ihrer Einschätzung nach kann sich dieser nicht darauf beschränken, im Rahmen seiner vorhandenen Routinen und Strategien auf Probleme lediglich zu reagieren, vielmehr muß der Gesundheitsdienst seinen Standort im kommunalen Gesundheitswesen neu definieren und begründen. Bei der Orientierung auf Probleme und Strukturen der kommunalen Ebene ist insbesondere auf gesundheitlich und sozial benachteiligte Bevölkerungsgruppen Rücksicht zu nehmen.
Die derzeit in der Bundesrepublik Deutschland diskutierte Reform der Kommunalverwaltung kann einer flexibleren Gestaltung und Neuorganisation des öffentlichen Gesundheitsdienstes nur förderlich sein. Dieser Prozeß beinhaltet zweifellos zahlreiche Konfliktpotentiale, aber die Autorin verweist zu Recht darauf, daß das bloße verteidigen der Besitzstände nur zu einer Aufgabenverringerung des öffentlichen Gesundheitsdienstes geführt hat und damit dessen Bedeutung schmälert.

Im Workshop „Qualitätssicherung im niedergelassenen Bereich" arbeitet Glaeske zunächst den Zusammenhang zwischen dem Honorierungssystem und der medizinischen Versorgung durch niedergelassene Ärzte heraus. Die bestehenden Vergütungssysteme haben eminente Schwächen und er schlägt daher ein rationales Vergütungssystem vor, das keine Anreize zu Mengenausweitung in sich birgt, sondern vielmehr Incentives für zuwendungsorientierte Leistungen enthält. Begleitend muß abgesichert sein, daß die niedergelassenen Ärzte in ihrem fachlichen Wissen dem jeweiligen Stand der Wissenschaft entsprechen. Die Ausgestaltung des Honorierungssystems muß derart sein, daß überflüssige Doppeluntersuchungen unterbunden werden und daß es zu einer funktionsgerechten Arbeitsteilung in der medizinischen Versorgung zwischen dem ambulanten und stationären Sektor und innerhalb dieser Sektoren kommt. Administrativ muß das Honorierungssystem in einer Form gestaltet sein, daß es einfache Prüfmöglichkeiten erlaubt, aber auch Flexibilität und Anpassungsfähigkeit an sich ändernde Umstände aufweist.
Unter Heranziehung zahlreicher empirischer Befunde weist Glaeske schließlich nach, daß Leitlinien im Rahmen von Qualitätssicherungsstrategien unentbehrlich sind. Obwohl die derzeitige Diskussion über die Qualitätssicherung in der Medizin häufig durch ökonomische Aspekte überlagert wird, müssen sich Wirtschaftlichkeit und Qualitätssicherung zu einem - wie er es ausdrückt - „Strategiepaar" verbinden.
Auch Rebhandl nimmt sich in seinem Referat des Themas der Leitlinien an, legt aber den Schwerpunkt seiner Betrachtung auf die Etablierung von hausärztlichen Qualitätszirkeln. Er kommt zum Schluß, daß sich Qualitätssicherung im Bereich der niedergelassenen Allgemeinmediziner nicht mit Zertifizierungen verwirklichen läßt. Rebhandl sieht vielmehr die Chance in einer freiwilligen kontinuierlichen berufsbegleitenden Auseinandersetzung mit dem eigenen Handeln in der täglichen Praxis. Instrument ist ein strukturierter Erfahrungsaustausch in ärztlichen Qualitätszirkeln. Nur dadurch kann langfristig eine allgemeinmedizinische Betreuung auf hohem Niveau gesichert werden. Qualitätssicherung in der Allgemeinmedizin ist eine komplexe Aufgabe und kann daher seiner Meinung nach nur in Kooperation erfolgen: „Die Sozialversicherungen, gesundheitspolitische Gremien und die Ärztekammer sind aufgerufen, gemeinsam mit den wissenschaftlichen Gesellschaften für Allgemeinmedizin die teilweise bereits vorhandenen Qualitätsförderungsmaßnahmen zu unterstützen und auszubauen".

Die Beiträge des vorliegenden Sammelbandes decken eine breite aber auch bunte Palette von Sektoren des Gesundheitssystems ab, die steuerbar sind, ja geradezu nach einer Steuerung verlangen. Übereinstimmend kommen die AutorInnen zum Schluß, daß auf dem Gesundheitsmarkt die üblichen Selbstregelungsmechanismen nicht wirken. Im Gegensatz zu rein wettbewerblich organisierten Märkten verlangt der Gesundheitsmarkt geradezu nach einer Regulierung, da andernfalls Marktversagen vorprogrammiert ist. Ein weiteres Phänomen, das die AutorInnen implizit oder explizit aufzeigen ist die augenfällige Inputorientierung im Gesundheitssystem. Damit ist aber zugleich der künftige Steuerungsbedarf grosso modo umrissen, nämlich: Evaluierung der Ergebnisqualität und Outcomes research, um zwei Beispiele zu nennen. Allgemein ausgedrückt bedeutet dies einen Paradigmenwechsel in Richtung Outputorientierung.

Literatur:

Gunnar GRIESEWELL: Markt oder Staat - Wettbewerb oder Dirigismus. Zur Psychopathologie der ordnungspolitischen Diskussion im Gesundheitswesen, in: Arbeit und Sozialpolitik, Heft 1-2 (1994), S. 28 - 41.

1. Steuerungs- und Wissensbedarf im österreichischen Gesundheitssystem[1]

R. Horst Noack

Die zweite wissenschaftliche Tagung der Österreichischen Gesellschaft für Gesundheitswissenschaften und Public Health (ÖGGW&PH) war einem aktuellen Thema gewidmet: Der Steuerbarkeit des Gesundheitswesens. Daß im österreichischen Gesundheitssystem, ähnlich wie in den Gesundheitssystemen anderer Industrieländer, ein erheblicher Steuerungsbedarf besteht, ist eine Binsenweisheit.

Schwierig ist es hingegen, die Art und das Ausmaß der vorhandenen Steuerungsdefizite zu beschreiben, zu erklären und zu bewerten. Schwierig ist es deshalb auch, Mittel und Wege zu benennen, wie der vorhandene Steuerungsbedarf im Gesundheitssystem abgebaut und vielleicht einmal befriedigt werden könnte. Eine Grundvoraussetzung scheint jedoch unstrittig zu sein: Ohne fundiertes, bedarfsgerechtes Steuerungswissen und ohne qualifizierte ExpertInnen und Entscheidungsträger[2] wird es nicht gelingen, die vorhandenen Steuerungsdefizite wesentlich zu reduzieren. Eher ist zu erwarten, daß sie im Zuge der absehbaren Entwicklung noch weiter zunehmen werden.

Diese Erkenntnis hat wesentlich dazu beigetragen, daß 1995 die ÖGGW&PH gegründet wurde. Sie sieht ihre Aufgabe darin, die Forschung und die Ausbildung im Public-Health-Bereich und die Anwendung gesundheitswissenschaftlichen Wissens zu fördern, um auf diesem Wege einen Beitrag zur Lösung vorrangiger Probleme im Gesundheitssystem zu leisten (NOACK 1998a).

Der vorliegende Beitrag faßt Überlegungen zur Steuerbarkeit und speziell zur wissensbasierten Steuerung des österreichischen Gesundheitswesens aus der Sicht einer interdisziplinären Public-Health-Perspektive zusammen.

---

[1] Erweiterte Fassung des Eröffnungsreferats "Steuerung und Gesundheitswesen: Welches Wissen brauchen die Entscheidungsträger?"

[2] Im folgenden wird nur die männliche oder die weibliche Form verwendet, auch wenn beide Geschlechter gemeint sind.

Wir werden uns zunächst mit dem Begriff der Steuerung und mit vorrangigen Steuerungsaufgaben im gesamten Gesundheitssystem und in wichtigen Gesundheitsorganisationen befassen. Danach wollen wir anhand ausgewählter Problemfelder den Steuerungs- und Wissensbedarf auf der Politik- und Kontextebene und auf der Ebene von Gesundheitsorganisationen im Versorgungs- und Pflegebereich beleuchten.

1.1. Was heißt Steuerung im Gesundheitswesen?

Steuerung bedeutet laut „Großer Brockhaus" Einsatz innerer und äußerer Kontrollmechanismen, um übergeordnete Ziele zu verwirklichen oder Umweltereignisse reaktiv zu beantworten. Die systemische soziologische Steuerungstheorie (WILLKE 1996) beschreibt und interpretiert die Systemsteuerung in hochkomplexen modernen Gesellschaften als Interaktion partiell autonomer Teilsysteme (z.B. Wirtschaft, Wissenschaft, Erziehung, Wohlfahrt, Gesundheit etc.) innerhalb verbindlicher Kontextregelungen. Sie werden nicht mehr von der Politik allein vorgegeben, sondern von zahlreichen betroffenen Akteuren für das Ganze vereinbart. Durch diese Verschränkung von Autonomiespielräumen und Kontextbedingungen wird "die Kontrolle der Kontrolle zurückverlagert (...) in Detailbereiche" (WILLKE 1996, S. 259).

Folgt man diesem Steuerungsbegriff, lassen sich im Gesundheitssystem prinzipiell zwei Steuerungsebenen unterscheiden: die Ebene der Politik und der Rahmenbedingungen und die Ebene der Gesundheitsorganisationen und Netzwerke sowohl im Krankenversorgungs- und Pflegebereich als auch in der Gesundheitsförderung und im Gesundheitsschutz. Hauptakteure auf der Kontextebene sind die politischen Bürokratien des Bundes und der Länder, die Verbände der Sozialversicherungsträger und der Versicherungswirtschaft, die Ärzte- und Apothekerkammern, die Berufsverbände der Schwestern und anderer nicht-ärztlicher Gesundheitsberufe wie auch die Verbände der Pharmaproduzenten und anderer gesundheitsrelevanter Wirtschaftszweige. Akteure im Versorgungs- und Pflegebereich sind vor allem Krankenhäuser, Ambulatorien, niedergelassene Allgemeinärzte und Fachärzte sowie Pflege- und Hilfsdienste. Es stellt sich somit die Frage, welche

Medien, welche Regelsysteme und welche Kommunikationsmechanismen auf der Kontextebene und in den jeweiligen Gesundheitsorganisationen der Steuerung dienen.

Die soziologische Steuerungstheorie (WILLKE 1996) postuliert, daß gesellschaftliche Teilsysteme wie das Gesundheitswesen wesentlich durch drei Medien gesteuert werden: Macht, Geld und Wissen. In den westlichen Demokratien könne im allgemeinen davon ausgegangen werden, daß der Umgang mit Macht und Geld relativ befriedigend durch Gesetze und Verträge geregelt sei. Demgegenüber habe die "Zivilisierung des Steuerungsmediums Wissen" noch kaum begonnen (WILLKE 1995, S. 234). Diese Hypothese ist von der neueren Gesundheitssystemforschung wahrscheinlich noch nicht näher untersucht worden. Wie sich in der gegenwärtigen Gesundheitspolitik und Gesundheitssystemsteuerung unschwer erkennen läßt, scheint sie nicht unberechtigt zu sein.

Die vielzitierte Krise des Gesundheitswesens und des Public-Health-Bereichs wird wesentlich durch drei Entwicklungstrends geprägt: Medikalisierung der Gesundheit, Individualisierung der Verantwortung für die Gesundheit, Ökonomisierung der medizinischen Versorgung und Rückzug der Politik aus dem öffentlichen Gesundheitssektor. In vielen europäischen Ländern und auch in Österreich läßt sich zeigen, daß ein großer Teil des epidemiologischen und gesundheitswissenschaftlichen Wissens nicht oder nur sehr selektiv in die Gesundheitspolitik und in die Steuerung des Gesundheitswesens einfließt. Der Vorschlag der ÖGGW&PH, in Österreich eine moderne postgraduale Public-Health-Ausbildung und eine der wissenschaftlichen Aus- und Fortbildung dienende Public-Health-Forschung aufzubauen (Arbeitsgruppe School of Public Health 1997, NOACK 1998a) findet keine ausreichende politische und professionelle Unterstützung. Wichtige Steuerungs- und Regelungssysteme im österreichischen Gesundheitssystem sind nicht auf eine bedarfs- und ergebnisorientierte Gestaltung der gesundheitlichen Versorgung und Pflege ausgerichtet.

Vom Standpunkt einer modernen multidisziplinären und intersektoralen Public-Health-Perspektive aus betrachtet erfordert eine bedarfs- und ergebnisorientierte, nachhaltig wirksame und wirtschaftliche Steuerung des Gesundheitssystems ein multidisziplinäres System organisierten Wissens und organisierter wissenschaftlicher und steuernder Anstrengungen, die auf die

Erhaltung und Verbesserung der Gesundheit und auf die Verringerung der Krankheitslast der Bevölkerung gerichtet sind. Öffentliche Gesundheit/Public Health verbindet gesundheitswissenschaftliche Forschung, Wissensmanagement und Wissenstransfer mit Planung und Systemanalyse in den beiden Kernbereichen des Gesundheitssystems: Krankenversorgung und Pflege sowie Gesundheitsförderung und Gesundheitsschutz.

Eine intersektorale Steuerung des Gesundheitssystems im Sinne eines modernen Public-Health-Ansatzes erfordert eine intersektorale Steuerung des Gesamtsystems durch Schaffung entsprechender politischer, rechtlicher, finanzieller und wissenschaftlicher Rahmenbedingungen. Abbildung 1 versucht, die Herausforderungen für die Steuerung des Gesundheitssystems im 21. Jahrhundert zusammenzufassen. Sie kann als theoretischer Rahmen dienen, die Steuerungs- und Wissensarbeit auf der Kontextebene des Gesundheitssystems und auf der Ebene der Gesundheitsorganisationen im Versorgungs- und Pflegebereich zu beschreiben und zu diskutieren.

Abbildung 1: Herausforderungen für Public Health

Systemebene	**Wissensarbeit** *(Forschung, Wissensmanagement, Wissenstransfer)*	**Steuerung** *(Planung, Entwicklung, Systemmanagement)*
Politik und Kontext-gestaltung	*Politik- und Kontextanalyse, Wissenschaftspolitik, Forschungsförderung*	*Gesundheitspolitik und Gesetzgebung, Anreizsysteme, wissenschaftliche Ausbildung*
Krankenversorgung und Pflege	*Erforschung und Evaluation der Krankenversorgung und Pflege*	*Entwicklung und Management der Krankenversorgung und Pflege*
Gesundheitsförderung und Gesundheitsschutz	*Erforschung und Evaluation der Gesundheitsförderung und des Gesundheitsschutzes*	*Entwicklung und Management der Gesundheitsförderung und des Gesundheitsschutzes*

Quelle: Noack 1998b.

1.2. Steuerungs- und Wissensbedarf im Kontextbereich

Eine Grundvoraussetzung der Systemsteuerung im Gesundheitswesen ist ein breit abgestützter Konsens über die Gesundheitsziele. Der überaus große Steuerungsbedarf im österreichischen Gesundheitswesen dürfte zum Teil damit zusammenhängen, daß es weder auf Bundes- noch auf Länderebene explizite Gesundheitsziele gibt. Dies schließt eine prinzipielle Übereinstimmung politischer, bürokratischer und professioneller Entscheidungsträger über implizite Zielorientierungen und Leitbilder jedoch keineswegs aus.

Im Einklang mit den übrigen europäischen Mitgliedsländern der Weltgesundheitsorganisation (WHO) hat Österreich seit Mitte der 80er Jahre den Gesundheitszielen der WHO-Politik "Gesundheit für alle" für die europäische Region zugestimmt. Erwartungsgemäß werden die österreichischen Delegierten der WHO-Regionalkonferenz auch in Kürze die Gesundheitsziele für das 21. Jahrhundert (Abbildung 2) mitbeschließen.

Abbildung 2: Europäische Gesundheitsziele für das 21. Jahrhundert

Zielbereiche	Ziele
I. Bessere Gesundheit für die Menschen	*Mehr Chancengerechtigkeit für die Menschen herstellen; eine bessere Gesundheit in allen Phasen des Lebenszyklus ermöglichen; Krankheiten und Verletzungen verhindern und bekämpfen; die psychische Gesundheit verbessern.*
II. Nachhaltige Gesundheit	*Eine sichere Umwelt schaffen; gesunde Lebensweisen erleichtern; wirtschaftliche und soziale Voraussetzungen für die Gesundheit schaffen; die biologischen Voraussetzungen für eine bessere Gesundheit herstellen.*
III. Bessere Versorgung für eine bessere Gesundheit	*Die gesundheitliche Selbstversorgung der Menschen stärken; eine familienorientierte primäre Versorgung und eine verbesserte sekundäre und tertiäre Versorgung schaffen; ein ergebnisorientiertes Management und eine hohe Qualität der Versorgung ermöglichen; die Finanzierung der Gesundheitsversorgung und die Zuweisung der Ressourcen optimieren; den Wandel der Versorgung wirksam steuern.*

IV. Gesundheitsorientierung in allen Bereichen	*Eine wirtschaftliche Infrastruktur für eine bessere Gesundheit schaffen; eine soziale Infrastruktur für eine bessere Gesundheit ermöglichen; die Gesundheitsorientierung im Produktionsbereich und im Dienstleistungsbereich stärken.*
V. Gestaltung von Politik und Wandel	*Die Gestaltung und die Umsetzung der Politik durch Partnerschaften für Gesundheit verbessern; den Wandel im Gesundheitsbereich steuern und die Informationsbasis sichern; die notwendigen Humanressourcen entwickeln; die Forschung für eine bessere Gesundheit stärken.*

Quelle: WHO 1997 (Kurzfassung in Anlehnung an die deutsche Übersetzung des Entwurfs), Noack 1998b.

Ausgehend von den WHO-Zielen für die europäische Gesundheitspolitik in den kommenden Jahrzehnten lassen sich zahlreiche Steuerungsdefizite und entsprechende Zukunftsaufgaben auf der Ebene der Rahmen- bzw. Kontextbedingungen identifizieren (NOACK 1998c):

- Vorrangig wird es sein, für die Krankenversorgung und Pflege und für die Gesundheitsförderung und den Gesundheitsschutz wissensbasierte, explizite Gesundheitsziele zu vereinbaren.

- Um das Gesundheitssystem im Sinne verbindlicher Zielvereinbarungen zu planen, weiterzuentwickeln, zu koordinieren und zu gestalten, bedarf es zum Teil verbesserter und zum Teil neuer gesetzlicher Rahmenbedingungen und rechtlicher Normen.

- Eine entscheidende Voraussetzung für eine bedarfsorientierte und wirksame Steuerung sowohl der traditionellen als auch der neuen Teilsektoren im Gesundheitssystem sind zielbezogene Budgets und finanzielle Anreizsysteme.

- Ein besonders großer Bedarf besteht auf dem Gebiet der Wissensarbeit im Gesundheitssystem, d.h. in der gesundheitswissenschaftlichen Forschung, in der Auswahl und Aufbereitung gesundheitswissenschaftlichen und erfahrungsbezogenen Wissens (Wissensmanagement) und im Wissenstransfer in die Politik und in die Entscheidungsstrukturen.

- Voraussetzung für eine zielorientierte und wirksame Wissensarbeit im Gesundheitssystem ist es, deutlich mehr als bisher in die Aus- und Fortbildung zu investieren.

Bereits diese kurze Beschreibung des Steuerungsbedarfs läßt den Wissensbedarf im österreichischen Gesundheitssystem erkennen. Steuerungsrelevantes Wissen bezieht sich auf drei gesundheitswissenschaftliche Fragen:

- Wie sind die Gesundheitsprobleme und Versorgungsbedürfnisse regional und sozial verteilt? (Frage nach dem Bedarfswissen)

- Wo und wie entstehen Gesundheit und Krankheit sowie Gesundheitsprobleme und Versorgungsbedürfnisse? (Frage nach dem Kausalwissen)

- Welches sind die gesundheitlichen Ergebnisse der Krankenversorgung und Pflege und der Gesundheitsförderung und des Gesundheitsschutzes? (Frage nach dem Ergebniswissen)

Ohne epidemiologisches, gesundheitssoziologisches und sozialmedizinisches Bedarfswissen ist es schwierig, Gesundheitsziele zu definieren und zu begründen. Ohne Bedarfs- und Kausalwissen können die gesetzlichen Rahmenbedingungen, die Gesundheitsbudgets und die finanziellen Anreizsysteme nur schwer den vorrangigen Gesundheitszielen angepaßt werden. Und ohne relevantes Ergebniswissen ist eine bedarfsgerechte, wirksame und wirtschaftliche Weiterentwicklung und Gestaltung des Gesundheitswesens kaum vorstellbar (NOACK 1998b).

1.3. Steuerungs- und Wissensbedarf in der Krankenversorgung und Pflege

Ein Charakteristikum eines sozialstaatlich geregelten Gesundheitssystems ist die Verschränkung der gesellschaftlichen Kontextbedingungen mit den mehr oder weniger großen Autonomiespielräumen der Versorgungs- und Pflegeeinrichtungen. Deshalb hängt eine wirksame patientenorientierte Steuerung in den einzelnen Organisationen entscheidend von der Übereinstimmung der gesetzlichen und vertraglichen Regelungen, der finanziellen Anreize und der wissenschaftlich-technischen Unterstützung mit den Möglichkeiten und Zielorientierungen der Versorgungs- und Pflegeeinrichtungen ab. Weitere wirksame Einflußfaktoren sind die vorhandenen personellen und technischen Ressourcen, die Honorierungs- und Entgeltsysteme und die Aufstiegschancen der MitarbeiterInnen, aber auch das in den Organisationen vorhandene Wissen, die professionellen und ethischen Standards.

Der anhaltende Kostendruck im Gesundheitssystem, der rapide technologische Wandel und die zunehmenden Leistungsanforderungen führen im Versorgungs- und Pflegesektor zu einem wachsenden Steuerungsbedarf:

- Um sich besser an die sich wandelnden Anforderungen und an die veränderten Auftrags- und Wettbewerbsbedingungen anzupassen, erweist es sich in vielen Versorgungseinrichtungen als nützlich, Organisationsleitbilder und Zielkonzepte zu erarbeiten.

- Eine leitbild- und zeitbezogene, ergebnisorientierte und kostenbewußte Steuerung erfordert in Versorgungs- und Pflegeorganisationen vermehrt wissensbasierte Managementregeln, Qualitätsstandards und professionelle Ethiken.

- Die Verankerung von Managementregeln, Qualitätsstandards und ethischen Normen setzt Strukturen zur Vermittlung und Verarbeitung des relevanten Steuerungswissens voraus wie z.B. Qualitätszirkel, Personalentwicklungsprogramme und Fortbildungsangebote.

- Voraussetzung einer ergebnisorientierten Steuerung der medizinischen Versorgung, statt wie bisher einer überwiegend angebotsorientierten Steuerung sind fundiertes Expertenwissen und wissenschaftliches Wissen über die klinischen und gesundheitlichen Ergebnisse.

- Voraussetzung für die Steuerung der Pflege im Sinne moderner Pflegekonzepte und einer bedürfnis- und bedarfsorientierten Organisation ist professionelles Wissen aus der internationalen und österreichischen Pflegeforschung und der wissenschaftlichen Begleitung.

Auch in der Steuerung des Versorgungs- und Pflegesektors erweist sich fundiertes wissenschaftliches und professionelles Wissen als entscheidende organisationsinterne Ressource. Ohne relevantes Bedarfswissen ist es kaum möglich, adäquate Organisationsleitbilder und Organisationsziele zu vereinbaren und die Organisationsentwicklung und das Management wirksam daran zu orientieren. Ohne fundiertes Kausalwissen ist es schwierig, eine bedarfsgerechte und gesundheitsfördernde Krankenversorgung und Pflege zu organisieren. Und ohne Ergebniswissen kann es kaum gelingen, im ambulanten und im stationären Bereich präventive, kurative und pflegerische Leistungen zu erbringen, die den Kriterien der Wirksamkeit und Wirtschaftlichkeit entsprechen.

1.4. Ausblick

Der vorliegende Beitrag hat versucht, die aktuelle Situation und die zukünftigen Herausforderungen in der Steuerung im Gesundheitssystem zu beleuchten. Dabei hat sich gezeigt, daß eine bedarfsorientierte, gesundheitsförderliche, nachhaltig wirksame und wirtschaftliche Weiterentwicklung und Gestaltung des Gesundheitssektors eine angemessene Wissensbasis voraussetzt. Österreich verfügt über ein leistungsfähiges, für die meisten Menschen zugängliches und international anerkanntes gesundheitliches Versorgungssystem und wendet dafür rund ein Zehntes seines Bruttoinlandprodukts auf (die Versorgung behinderter und betagter Menschen einbezogen). Um ein gesellschaftliches Teilsystem dieser Größenordnung und Bedeutung bedarfsgerecht und wirksam zu steuern, bedarf es einer angemessenen epidemiologischen Forschung, einer fundierten Gesundheitssystemforschung sowie einer größeren Zahl gesundheitswissenschaftlich geschulter Experten und Fachkräfte. Es mag deshalb überraschen, daß Österreich im europäischen Vergleich außerordentlich wenig in die epidemiologische und gesundheitswissenschaftliche Forschung investiert und auch keine nennenswerten Anstrengungen unternimmt, eine moderne postgraduale Public-Health-Ausbildung aufzubauen.

Literatur

Arbeitsgruppe School of Public Health (verantwortlich: R.H. Noack) (1997): Projektvorschlag Österreichische School of Public Health. Österreichische Gesellschaft für Gesundheitswissenschaften und Public Health (ÖGGW&PH).

NOACK, R.H. (1998a): Public Health in Österreich und der Schweiz. In: F.W. SCHWARTZ, B. BADURA, R. LEIDL, H. RASPE, J. SIEGRIST (Hrsg.): Das Public Health Buch. Urban & Schwarzenberg, 600-608.

NOACK, R.H. (1998b): Public Health an der Schwelle zum 21. Jahrhundert: Tradition, Modernisierung, Herausforderung und Vision. In: G. POLLAK (Hrsg.): Public Health. Springer, Heidelberg - Wien - New York (in Druck)

NOACK, R.H. (1998c): Public-Health-Ausbildung für das 21. Jahrhundert: Ziele, Inhalte, Lernorganisation und Trägerschaft. In: G. POLLAK (Hrsg.): Public Health. Springer, Heidelberg - Wien - New York (in Druck).

WILLKE, H. (1996): Systemtheorie I: Grundlagen. 5. Auflage, Lucius & Lucius, Stuttgart.

WILLKE, H. (1995): Systemtheorie III: Steuerungstheorie. Gustav Fischer, Stuttgart - Jena.

2. Wie steuerbar ist das Gesundheitswesen?

Friedrich Wilhelm Schwartz / Matthias Wismar

Die Frage nach der Steuerbarkeit des Gesundheitswesens ist gleichbedeutend mit der Frage nach der planbaren Rationalität von Gesundheitspolitik.

Dieser Interpretation folgend, soll im weiteren das Thema entwickelt werden. Zunächst werden Ziele der Gesundheitspolitik diskutiert und - in einer ersten Annäherung - die Frage erörtert, wie sich solche Ziele umsetzen lassen. In einem zweiten Schritt werden politikwissenschaftliche Interpretationen herangezogen, die sich mit der Entstehung und der Umsetzung gesundheitspolitischer Ziele befassen. Schließlich werden in einem dritten Schritt, anhand einiger Fallbeispiele, diese Ansätze auf ihre Belastbarkeit geprüft, um zu allgemeinen Schlußfolgerungen zu gelangen.

2.1. Gesundheitspolitische Ziele und ihre Umsetzung

Aus epidemiologischer Sicht und Public-Health-Perspektive sind bevölkerungsmedizinisch (u. U. auch individualmedizinisch) oder sozial, ethisch oder auch ökonomisch begründbare Gesundheitsziele wünschenswert. Eine Gesundheitspolitik ohne Ziele ist schwer vorstellbar. Ziele können dabei explizit, d.h. ausdrücklich, formuliert sein oder impliziten Charakter haben als nicht deklarierte Grundlage von Prioritätensetzung oder Sachentscheidungen. Explizite Ziele können global formuliert sein oder aus mehreren hundert Einzelzielen bestehen. Sie können sich auf Gesundheitsversorgung beziehen, aber auch ganz anderen politischen, z.B. fiskalischen Zwecken folgen oder arbeitsmarktorientiert sein oder regionalwirtschaftliche Interessen im Auge haben.

Im günstigsten Fall folgt Gesundheitspolitik *gesundheitsbezogenen Zielen*:

- Verbesserung der Lebenserwartung
- Senkung der Morbidität, der Behinderungslast, Verbesserung der gesundheitsabhängigen Lebensqualität
- Verringerung gesundheitsspezifischer sozialer Ungleichheiten (SCHWARTZ/KICKBUSCH/WISMAR 1998).

Häufig bilden jedoch *andere* Orientierungen die Grundlagen der Zielformulierung, z. B.:

- Versorgungsniveau (Ärztedichte, Krankenhausbettendichte etc.)
- Wirtschaftlichkeit (Beitrags- und Steuerlast, Standortproblematik)
- politische Kompromisse (Partei-, Standes- und Industrieinteressen) (SCHWARTZ/KICKBUSCH/WISMAR 1998).

Dabei ist der Nutzen explizit formulierter Gesundheitsziele für die tatsächliche Gesundheitspolitik eines Landes nicht unumstritten. Die häufigsten Vorwürfe sind die eines drohenden Bürokratismus oder einer mangelnden Relevanz für die alltägliche Praxis.

Ein Hauptargument für eine an expliziten Zielen orientierte Gesundheitspolitik liegt darin, daß explizite Ziele einer rationalen, politischen und fachlichen Diskussion und vor allen Dingen auch einer Erfolgsüberprüfung (Evaluation) zugänglich sind (SCHWARTZ/KICKBUSCH/WISMAR 1998).

Die Umsetzung von Zielen ist in stark pluralistisch gegliederten Gesundheitswesen besonders schwierig, gilt aber andererseits gerade für derartige Gesundheitswesen als eine wichtige Voraussetzung überhaupt, sachbezogene Konsensprozesse als Grundlage der operativen Tätigkeit sehr diversifizierter Organisationen in Gang zu bringen.

Aber auch als Gegengewicht zu einer eher zielblinden Bürokratie oder Organisation, die mehr am reibungslosen Ablauf ihres eigenen Regelwerks im Sinne von strikter Verwaltungsrationalität denn an Sachzielen interessiert ist, werden explizite Ziele empfohlen (MC GINNIS 1985). Die Rolle der Ökonomie in der Debatte um Gesundheitsziele ist zwiespältig. Einerseits hat gerade die ökonomische Kritik am Gesundheitswesen, an seiner Wachstumsdynamik und seinem Ressourcenverbrauch, die bis dahin geltenden impliziten Ziele wie permanente Versorgungs- und Leistungsausweitung in Frage gestellt (HENKE/KÜCKING-KIPSHOVEN 1995). Unter zunehmenden Knappheitsgesichtspunkten wurden den politischen Instanzen Gesundheitsziele anempfohlen, um mehr Effektivität und Effizienz im System zu bündeln. Neoliberale Kritiker lehnen dagegen übergeordnete Gesundheitsziele als zu sehr planungsorientierte Steuerungsmittel ab, sie setzen ja gerade auf die unterschiedlichen Präferenzen der Beteiligten (OBERENDER 1990).

Die international wichtigsten Gesundheitsziele wurden denn auch in den 70er Jahren - mit mehreren Fortschreibungen bis in die Gegenwart - von einer, wenn man so will, staatsnahen bürokratischen Organisation vorgelegt, nämlich der Weltgesundheitsorganisation. Auch in den USA, im Vereinigten Königreich, in Kanada und in den skandinavischen Ländern waren es jeweils die staatlichen Bürokratien, die, mit unterschiedlicher öffentlicher Beteiligung, solche Zielbündel formuliert haben. In der ehemaligen DDR wurden grundsätzliche Gesundheitsziele sogar in die Verfassung aufgenommen. In der Bundesrepublik wurden sie auf nationaler Ebene niemals ausformuliert. Statt dessen gab es dort von verbandspolitischer Seite in den 80er Jahren - und gegenwärtig erneut belebt - den Versuch, nichtstaatlich formulierte Ziele vorzulegen. Auch für die Europäische Union, die im Maastricht-Vertrag von 1993 einen allgemeinen Public-Health-Handlungsauftrag erhielt, wurde bereits ein neuer Bedarf konsensorientierter gesundheitspolitischer Ziele und Steuerungsinstrumente von verschiedener Seite gesehen. De facto beschränkt sich die Kommission bisher aber auf die Ausformulierung von Einzelprogrammen, z.B. zur Krebs- und Aidsbekämpfung, zur Suchtprävention, Verbraucherschutz sowie der Behindertenförderung, ohne daß ein übergeordnetes Zielkonzept Anwendung findet (SCHWARTZ/KICKBUSCH/WISMAR 1998).

Die Wirkung von Gesundheitszielen auf der einzelstaatlichen Ebene ist nicht einheitlich. Für die USA, die 1979 226 und in späteren Jahren 319 Einzelziele formulierte und einen Maßnahmenkatalog entwickelte, wurde die konkrete Auswirkung auf die nationalstaatliche Politik als eher gering angesehen. Stets dominierten in der nationalen Politik übergeordnete strukturpolitische Fragen, etwa der sozialen Sicherung, mit der Spannung zwischen Eigenvorsorge und staatlicher Hilfe und ebenso verfassungspolitische Auseinandersetzungen zur Rolle der Bundespolitik. Besonders in der Amtszeit Reagans wurde das Berichtswesen über die Verfolgung der Gesundheitsziele vernachlässigt (SCHWARTZ/KICKBUSCH/WISMAR 1998).

Einer 1996 veröffentlichten Evaluation (SONDIK 1996) folgend, wurden immerhin 8 % der Ziele erreicht und signifikante Fortschritte bei weiteren 40 % beobachtet. Als eine Schwierigkeit wurde die geringe Verbindung von nationalen Zielen und Erfolgsmaßen bei konkreten lokalen Problemen gesehen. Ein ähnlicher Bericht liegt aus dem vorigen Jahr aus Großbritannien vor (HARVEY/FRALICK 1997). Von den befragten Regional Health Authorities äußerten sich weniger als 40 % zu den nationalen Gesundheitszielen und von diesen stimmten nur 40 % allen Zielen zu. Die übrigen gaben vor allem technokratische und Meßprobleme an. Letzteres Problem tauchte unabhängig von der politisch-organisatorischen Struktur auf, wenn man die Berichte aus USA und Großbritannien vergleicht. Ähnliche Erfahrungen wurden auch in den Niederlanden gemacht (WATER/HERTEN 1996).

Es gibt also neben Problemen eines politischen Konsensprozesses für Gesundheitsziele herzustellen auch, z. T. systemunabhängig, Probleme ihrer konkreten Anwendung.

2.2. Politikwissenschaftliche Interpretationen

Wir wollen uns im nächsten Schritt vor allem mit dem zugrundeliegenden politischen Prozeß befassen.

Um Strukturen und Instrumente der Gesundheitspolitik zu verstehen, bietet die Politikwissenschaft gegenwärtig vor allem den Institutionalismus, den Policy-Netzwerk-Ansatz und das sogenannte Governance-Modell an.

Um ausbleibende Formulierung und Implementation gesundheitspolitischer Ziele in der Bundesrepublik Deutschland zu erklären, wurden vor allen Dingen dem Gesundheitswesen vorgelagerte politische Institutionen einschließlich des politischen Föderalismus, des politischen Verhältniswahlrechts mit der Regelfolge von Koalitionsregierung und der bundesdeutsche Korporatismus genannt. Letzterer Begriff umschreibt das für Deutschland charakteristische, starke, vom Staat oft mit mittelbaren Hoheitsrechten ausgestattete Verbändewesen. Die machtvolle Ausstattung dieser Institutionen wurde als Ursache einer institutionellen Reformresistenz gesehen. Danach müßten die problemerzeugenden Institutionen selbst einem Wandel unterworfen werden, bevor es Aussichten auf eine Gesundheitspolitik "aus einem Guß" gäbe (WEBBER 1989). Die Idee des Policy-Netzwerks verknüpft zum Teil auf gleicher, teilweise aber auch darunter liegender Ebene einzelne Institutionen und Akteure des Gesundheitswesens. Nicht nur allgemein wechselseitig akzeptierte Strukturen, sondern auch ordnungspolitische Vorstellungen und Handlungsmuster schaffen danach einen stabilen Zusammenhang, der von vornherein politische Handlungsoptionen einschränkt. Erst eine Instabilität des Netzwerks, z. B. durch starke ökonomische Verteilungskonflikte oder neu hinzutretende Akteure, schafft politische Handlungsräume (DÖHLER 1990).

Im Governance-Modell entstehen, im Ansatz nicht ganz unähnlich, politische Entscheidungen nicht durch externe Kontrolle der Regierenden über die Gesellschaft, sondern aus der Polarität divergierender Interessengruppen oder Parteien. Übergeordnete, gemeinwohlorientierte Ziele können sich dann allenfalls nach abstrakten, von allen geteilten Ideen sozialen Verhaltens entfalten unter Beachtung starker, z. B. grundgesetzlich geschützter, rechtlicher Vorgaben, etwa solcher zur Bewahrung annähernd gleicher Lebenschancen oder den Schutz von Minoritäten, z. B. Behinderten (BLANKE 1994).

Im deutschen wie auch im österreichischen Gesundheitswesen spielt das korporatistische Institutionalismus-Modell, wie letztlich in allen Ländern mit rechtlich eigenständigen Sozialversicherungen, eine wesentliche Rolle. In Deutschland sind darüber hinaus die Ärzte mit staatlichen Hoheitsrechten für eigene Selbstverwaltungskörperschaften ausgestattet, die die korporatistischen Regulationen wesentlich mitgestalten. Dem wird häufig das etatistisch-bürokratische Modell gegenübergestellt, d.h. Länder die über eine direkte staatliche Durchführungsverwaltung im Gesundheitswesen verfügen wie z.B. Italien, Spanien, England, Skandinavien.

Einen Sonderfall des regulatorischen Modells stellt die deutsche Situation dar. Sie ist geprägt durch den *Föderalismus* und den *Korporatismus* - mit schwankender Einflußnahme der etatistischen zentralen Gewalt.

Charakteristisch für die deutsche Variante des Korporatismus ist, daß der Staat einen Teil seiner *Hoheitsrechte* auf die *Selbstverwaltungskörperschaften* der Kassen sowie der Ärzte überträgt.

Systeminhärente Kompromisse scheinen im korporatistischen Modell vorprogrammiert zu sein, wenngleich sie häufig im Verdacht stehen, Blokkadewirkungen zu erzeugen. Bei näherer Betrachtung des etatistischen Modells - z.B. in Großbritannien - zeigt sich jedoch, daß auch dort die Befehlslinie nicht direkt von oben nach unten verläuft, sondern auf lokaler Ebene häufig informell Entscheidungen gegen den Willen der Regierung getroffen werden.

Auch im etatistisch-bürokratischen Modell können gesundheitspolitische Ziele nur durch einen *Konsens* zwischen den zentralen und lokalen Politikinstanzen umgesetzt werden (SCHWARTZ/KICKBUSCH/WISMAR 1998).

Angesichts dieser Unvollkommenheiten regulatorischer Modelle wird in jüngster Zeit vor allen Dingen das Markt-Modell ins Feld geführt.

Mit der Renaissance der ordnungspolitischen Ideen des ökonomischen Neoliberalismus hat die Propagierung des *Marktes* als dem "natürlichen Koordinator" der komplexen Einzelvorgänge im Gesundheitswesen (im Sinne der *„unsichtbaren Hand“* nach Adam Smith) eine Wiederbelebung erfahren.

Letztlich verzichtet das Markt-Modell vollständig auf eine zielorientierte Gesundheitspolitik.

2.3. Fallbeispiele

Im folgenden soll anhand von einigen Fallbeispielen, die sich teilweise, aber nicht nur auf die Bundesrepublik Deutschland beziehen, geprüft werden, ob und in welcher Form, die vorgestellten theoretischen Erklärungsansätze mit der empirischen Wirklichkeit zusammenpassen.

Als erstes Beispiel dient der deutsche Krankenhaussektor. Das deutsche Gesundheitsreformgesetz von 1993 brachte das Ende des staatlich abgesicherten Prinzips der Selbstkostenerstattung der Krankenhäuser durch die Kostenträger. Statt dessen wurde eine sogenannte flexible Budgetierung eingeführt, d. h. Budgets mit situations- und verhandlungsabhängig variierbaren Grenzen, dem Grunde nach aber ausgerichtet an der grundlohnorientierten Einnahmeentwicklung der Kassen. Den Krankenhausmanagern wurde signalisiert, daß mit Aufhebung des Selbstkostendeckungsprinzips nicht nur zukünftige Verlust-, sondern auch Gewinnmöglichkeiten für das Krankenhaus mit Bildung eigener Rücklagen möglich sein sollten. Während das Selbstkostendeckungsprinzip politisch der Ausdruck einer Bedarfsdeckung unter allen Umständen ist (wobei der medizinische Bedarf der Einfachheit halber mit ausgeübter Inanspruchnahme gleichgesetzt wird), bedeutet die Budgetierung im Prinzip die Einführung des ökonomischen Primats, die Anpassung des Bedarfs an die verfügbaren Mittel.

Ein weiterer Schritt in Richtung mehr Markt war die gleichzeitige Einführung von Preissignalen in die Krankenhausvergütung durch die schrittweise Anwendung diagnoseorientierter Fallpauschalen, ebenfalls kombiniert mit Gewinn- und Verlustmöglichkeiten bei Unter- oder Überschreitung der realen Eigenkosten des Krankenhauses (BUSSE/SCHWARTZ 1997).

Im gleichen Jahr führte die Bundesregierung aber die Pflegepersonalregelung in den deutschen Krankenhäusern ein, die einen bestimmten Personalschlüssel zur politischen Befriedigung des sogenannten Pflegenotstandes vorschrieb. Die Pflegepersonalregelung paßt zum Selbstkostendeckungsprinzip, wenn der Verordnungsgeber hier einen zusätzlichen Korrekturbedarf sieht. De facto hätten die deutschen Krankenhausbudgets im Schnitt von 1993 auf 1994 um 3,2 % steigen dürfen. Allein der Effekt der

Pflegepersonalregelung (einschl. einer Sonderregelung im Psychiatrie- und Hebammenbereich) führte zum weitergehenden Anstieg um ca. 1,3 Prozentpunkte. Insgesamt lagen mitsamt einigen anderen Einflußfaktoren die Krankenhausbudgets 1994 um über 4 Prozentpunkte im Westen und 7 Prozentpunkte im Osten, insgesamt also über 4 Mrd. DM, oberhalb der Grundlohnsummensteigerung. Das führte 1996 politisch zu einer Verschärfung und Verlängerung der Budgetregelung, die ursprünglich nur als Übergangsregelung in eine preis- bzw. marktorientierte Selbststeuerung des Krankenhaussektors angekündigt worden war. Gleichzeitig wurden auf landespolitischer Ebene die Krankenhäuser unter Druck gesetzt, Betten abzubauen und Standorte aufzugeben. Damit reduzierten sich de facto durch staatliche Einflußnahme die Wettbewerbsmöglichkeiten zwischen Krankenhäusern, die ja einen Angebotslevel zumindest leicht oberhalb des realen Bedarfs voraussetzten.

Während also die Aufgabe des Selbstkostendeckungsprinzips und die Einführung von Gewinn- und Verlustmöglichkeiten sowie die Einführung von Preissignalen in den Krankenhaussektor unter marktwirtschaftlichen Denkkategorien vorangetrieben wurde, erwies sich die reale Politik als allein einem fiskalorientierten Kostendämpfungsgedanken verpflichtet, gleichgültig, ob es sich um staatlich regulierte beitragspflichtige Kassenausgaben handelte oder um direkte Zuschüsse von Ländern zu Krankenhausinvestitionskosten. Blickt man über Deutschland hinaus in den europäischen Bereich (DOK 1997, 726-27), zeigt sich, daß die deutsche Politik nicht originell war. Im überwiegenden Teil der europäischen Staaten wurde der Krankenhausbereich zunehmend budgetiert jenseits einer verstärkten Marktrhetorik, die garniert wurde mit der Einführung von Krankenhausgewinnmöglichkeiten in einigen wenigen Mitgliedsländern und neuen Preissystemen in acht der EU-Länder.

Auch am zweiten Beispiel, dem der Prävention, lassen sich konfligierende politische Ziele nachweisen: In der Bundesrepublik wurde nicht zuletzt unter dem Eindruck der Ottawa Charta und der weltweit verstärkten WHO-Aktivitäten auf dem Gebiet der Gesundheitsförderung und angesichts der drohenden Zunahme chronischer Krankheitslasten in der Industriebevölkerung ein umfassender Präventionsauftrag für die deutsche Krankenversicherung 1989 in dem damaligen Gesundheitsreformgesetz verankert. Zahlreiche, wenngleich nach Inhalt und Qualität unterschiedliche Programmaktivitäten wurden seitens der Kassen daraufhin entwickelt.

Der Bundesminister für Gesundheit rief 1993 eine bundesweite Präventionskonferenz ins Leben, die der Sicherung dieser neuen Säule der Gesundheits- und Kassenpolitik dienen sollte. Es war dies seit Einführung der sekundärpräventiven Krankheitsfrüherkennungsmaßnahmen Anfang der 70er Jahre die erste und einzige wirkliche umfassende inhaltliche Intervention des Gesundheitsgesetzgebers in unserem korporativen System. Die aufkommende Marktdebatte führte 1993 mit Wirkung für 1996 zu einer sogenannten Öffnung der Krankenkassen mit einem intensiven Wettbewerb zwischen den einzelnen Kassen und Kassenarten. Irritiert stellte die Politik just im ersten Jahr des vollen Kassenwettbewerbs, nämlich 1996 fest, daß die neuen Gestaltungsfreiheiten für präventive Programme inzwischen vor allem für Kassenmarketing um junge zahlungskräftige und gesunde Mitglieder zweckentfremdet wurde, was im gleichen Jahr nun zu einem wiederum nicht marktorientierten Eingriff von oben, nämlich dem politischen Verbot von Präventionsprogrammen durch Kassen (ausgenommen die Traditionsprodukte Impfen und Krankheitsfrüherkennung) führte, mit der Folge, daß die meisten Kassen sich genötigt sahen, ihre Präventionsabteilung komplett aufzulösen und eigenes, vertraglich gebundenes Personal in Höhe von etwa 19.000 Personen zu entlassen (SCHWARTZ/WALTER 1997).

Der tatsächliche, tiefergehende politische Anlaß war aber nicht die gewollte Korrektur der drei Jahre zuvor selbst eingeführten marktorientierten Selbststeuerung der Kassen, sondern der durch den desolaten Arbeitsmarkt und durch zum Teil politisch selbst bewirkte Steuermindereinnahmen induzierte Druck auf Lohnkosten und öffentliche Finanzen, der nach Spareingriffen in dem Bereich mit dem geringsten lobbyistischen Gegendruck suchte.

In dieses Politikschema passen, die ebenfalls im Jahr 1996 politisch verordneten Leistungskürzungen im Rehabilitationsbereich von ca. 40 %, die als drittes gesundheitspolitisches Fallbeispiel angeführt werden sollen. Seit etwa 1994 wurde auf Bundesebene zwischen dem größten parafiskalischen Rehabilitationsträger, dem Verband deutscher Rentenversicherungsträger und der Bundesregierung, vertreten durch das Forschungsministerium und Gesundheitsministerium, über eine verbesserte wissenschaftliche Durchdringung der Rehabilitationslandschaft beraten. 1995 wurde ein Konzept verabschiedet, das über einen Zeitraum von acht Jahren hinweg eine wissenschaftliche Erforschung und praxisnahe Aufarbeitung des Bedarfs der Wirksamkeit und der Effizienz etablierter und neuer rehabilitativer Verfahren leisten sollte. 1996 führte politische Fiskaldisziplin ohne Vorankündigung zu einem geradezu dramatischen Eingriff in den Rehabilitationssektor. Im Rahmen des Beitragsentlastungsgesetzes kam es zur Verkürzung der Regelkurdauern, die Ausdehnung des Abstands zwischen zwei Kuren auf vier Jahre, die Erhöhung der Zuzahlung und die negative Anrechnung von Kurtagen auf den Jahresurlaub. Diese Maßnahmen führten im Vergleich der Jahre 1996 und 1997 zu einem Rückgang der Auslastung der Kurkapazität um 40 %. Dabei wurden auch keinerlei Vorkehrungen getroffen, um die verordneten Einsparungen nach Relevanz von Indikationsgruppen und Qualität von betroffenen Angeboten zu sortieren.

So läßt sich für die genannten Fallbeispiele als Zwischenfazit feststellen, daß bis auf wenige Ausnahmen, die meist nur kurzfristigen oder auch nur ansatzweisen Charakter hatten, gesundheitspolitische Steuerungsmaßnahmen in der Bundesrepublik sich in den letzten Jahren überwiegend auf ordnungspolitische Eingriffe im Dienste einer neubelebten neoliberalen Ökonomie bezogen (Wettbewerb der Kassen, Aufhebung von Selbstkostendekkungsprinzipien in den Krankenhäusern, mit Gewinn- und Verlustmöglichkeit und neuen Preissignalen) oder auf Maßnahmen einer rein fiskal- oder arbeitsmarktorientierten Kostendämpfungspolitik. In allen drei genannten Eingriffsfeldern, Krankenhaus, Prävention und Rehabilitation, handelte es sich um eine letzten Endes gesundheitsfremde Steuerung von Gesundheitspolitik.

Das hektische Tempo dieser Politik und die zum Teil daraus resultierenden Orientierungsprobleme für die Akteure im Gesundheitswesen läßt sich an der Zahl der politischen Interventionen ablesen. So traten zwischen 1977 und 1996 über 90 Einzelgesetze mit Kostendämpfungs- oder Struktureffekten für das Gesundheitswesen in Kraft.

Eine präventive oder rehabilitative Orientierung, die angesichts einer wachsenden chronischen, d.h. ja nicht akutmedizinisch erfolgreich therapierbaren Krankheitslast logisch gewesen wäre, bildete keine zentrale Zielperspektive.

Als letztes Beispiel soll die Steuerung des Pharmasektors angeführt werden. Ende der 80er Jahre waren in Deutschland 70.000 industriell hergestellte Arzneimittel im Handel, in Österreich hingegen nur 7.000 (LANGBEIN/MARTIN/WEISS 1990). Die Intransparenz dieses Marktes ging Hand in Hand mit der medizinischen Fragwürdigkeit einer beträchtlichen Anzahl von Medikamenten. Auf Arzneimittel mit umstrittener oder nicht nachweisbarer Wirkung entfielen 1994 ca. 275 Mio. Verordnungen (SCHWABE 1995). Um dieses Rationalisierungspotential auszuschöpfen, war die Bereinigung des Pharmamarktes durch Einführung einer Positivliste geplant. Sie wurde 1993 im Rahmen des Gesundheitsstrukturgesetzes (GSG) beschlossen. Haushaltspolitische und an gesundheitlichen Ergebnissen orientierte Ziele schienen sich verbinden zu lassen. Ein politischer Konsens zwischen CDU/CSU und der SPD - der sogenannte „Lahnsteiner Kompromiß" - verhalf dem Gesetzgeber gegenüber den Verbänden zu einem größeren Handlungsspielraum (BLANKE/PERSCHKE-HARTMANN 1992). Doch mit dem Zerbrechen des „Lahnsteiner Kompromisses" wurde die Einführung der Positivliste auf Betreiben der Industrie und der akutmedizinisch orientierten Ärzteschaft gegen den Protest von Kassen und SPD gestoppt. Das Politikmuster, das im Vorfeld des 1989 in Kraft getretenen ersten Gesundheitsreformgesetzes zu einer Ausklammerung des Pharmasektors geführt hatte (WEBBER 1989), war wieder hergestellt. Der Gesetzgeber verhedderte sich erneut im Policy-Netz der Gesundheitspolitik.

2.4. Schlußfolgerungen

Ist der Korporatismus im Gesundheitswesen am Ende? Die Diskreditierung des deutschen Korporatismus hätte Auswirkungen über unsere Grenzen hinweg. Im internationalen Vergleich wird Deutschland als Idealtypus des korporatistischen Ordnungsmodells gesehen. In den Politikwissenschaften wurde die Bundesrepublik als „semi-souverän" charakterisiert, da der Volkeswille, der sich durch die gewählte Regierung konstituiert, von der Verbandspolitik überlagert wird. Diese Einschränkung der staatlichen Gestaltungsmacht und demokratischen Repräsentativität wurde gerne hingenommen, im Austausch für politische Stabilität, effektive Konfliktlösung und Gemeinwohleffekte.

Stellen sich diese positiven Effekte nicht mehr ein, geraten die deutschen Institutionen ins Kreuzfeuer der Kritik. Damit droht dem ordnungspolitischen Modell insgesamt ein Verlust an Anziehungskraft. Gleichzeitig gewinnt das marktwirtschaftliche Modell als alternatives ordnungspolitisches Konzept, das Effizienz und Effektivität - und nicht zuletzt eine Entpolitisierung der Gesundheitsversorgung - verspricht, in Deutschland und anderswo an Gewicht.

Unsere Schlußfolgerung beruht auf der These, daß nicht die Stärken des deutschen Korporatismus erschöpft sind, sondern die Beziehungen zwischen den föderalistischen, staatlichen und verbandlichen Institutionen einer Neuausrichtung bedürfen. Wie an einigen ausgewählten Beispielen dargelegt wurde, ist das Verhältnis zwischen den drei Polen problematisch geworden. Wesentliche Merkmale sind die Abwesenheit von orginären Gesundheitszielen, ein hektischer, etatistischer Interventionismus, die Instrumentalisierung einzelner Verbände staatlicherseits, der einseitige Lobbyismus im Policy-Netwerk sowie die Durchsetzung von Partikularinteressen auf Kosten des Gemeinwohls.

Zweifelsohne ist auch der Korporatismus selbst reformbedürftig. Altbekannt ist das Argument, die Verbände können nur ihre Klientel vertreten. Kinder, nicht-berufstätige, arbeitslose und ältere Menschen - eine Gruppe, die durch die steigende Arbeitslosigkeit und den demographischen Wandel in den letzten Jahren erheblich an Umfang zugenommen hat - sind kein unmittelbares Anliegen von Gewerkschaften und Arbeitgebervertretern.

Die politische Konsequenz der hier vertretenen Argumentation läuft auf eine Weiterentwicklung des Korporatismus hinaus. Der Politikwissenschaftler Blanke hat dies mit der Formel von der Aktivierung der „endogenen Lern- und Reformpotentiale" (BLANKE 1994) auf den Punkt gebracht. In diesem Modell sind es, wie im idealtypischen korporatistischen Modell, die gesundheitspolitischen Akteure, die die Weiterentwicklung des Gesundheitswesens betreiben. Doch während im Korporatismus die Zusammenarbeit wesentlich auf die Spitzenverbände in Bund und Ländern beschränkt ist, soll zur horizontalen Konzertierung eine vertikale hinzutreten. Es kommt also darauf an, die Akteursinteressen vor Ort aktiv einzubinden.

Dabei kommt ergebnisorientierten Gesundheitszielen eine wesentliche Bedeutung zu. Ziele sind prinzipiell kein Fremdkörper in der GKV. Sie sind konform mit der grundlegenden Orientierung im SGBV. So heißt es in § 1 „... die Krankenversicherung als Solidargemeinschaft hat die Aufgabe, die Gesundheit der Versicherten zu erhalten, wiederherzustellen oder ihren Gesundheitszustand zu bessern". Nichts anderes haben ergebnisorientierte Gesundheitsziele zum Zweck. Sie können in allen Bereichen der Gesundheitsversorgung als Richtschnur dienen.

Eine Verknüpfung der "endogenen Lern- und Reformpotentiale" mit ergebnisorientierten Gesundheitszielen stellt eine qualitative Weiterentwicklung des Korporatismus dar. Sie ermöglicht die Artikulierung von lokalen und regionalen Gesundheitsbedürfnissen, die normalerweise im Korporatismus nur schwer eine politische Vertretung finden.

Freilich stellt sich die Frage, warum Gesundheitsziele als politisches Instrument empfohlen werden, obwohl deren bisherige Wirkung eher beschränkt war. Der Grund liegt in einer sich verschiebenden Interessenkonstellation im Gesundheitswesen, die nicht zuletzt aus der Einführung von Wettbewerbselementen in die GKV resultiert, und Gesundheitsziele für eine Reihe von Akteuren interessant erscheinen läßt. Versicherten ist nun erlaubt, die Krankenkasse einmal im Jahr zu wechseln. Dies bedeutet, daß die Kassen, denen früher aufgrund von Merkmalen wie Einkommen, Berufsstatus und Branche die Versicherten zugewiesen wurden, nun offener um die Versicherten konkurrieren. Da die Beitragsdifferenzen durch den Risikostrukturausgleich nicht übermäßig hoch sind, spielen Qualitäts-, Service- und Leistungsmerkmale eine nicht zu unterschätzende Rolle bei der Kassenwahl durch die Versicherten (BRAUN 1997a; BRAUN 1997b).

Tatsächlich hat ein Teil der Krankenkassen im Rahmen des Kassenwettbewerbs Interessen an der Verbesserung der gesundheitlichen Versorgung bekundet. Zahlreiche Modellprojekte und Strukturverträge zeugen von dem Wandel. In Thüringen z.B. startete im April 1998 ein Projekt, das die Diabetikerversorgung verbessern soll. DM 17 Mio. wurden aus der Gesamtvergütung herausgenommen, um positive Anreize zu setzen und gute gesundheitliche Ergebnisse zu honorieren. Verschiedene Landesregierungen haben Gesundheitspolitik und Gesundheitsziele wiederentdeckt. Aber auch andere Akteure, die früher Gesundheitsziele ablehnten oder sich ihnen gegenüber indifferent verhielten, haben neuerdings ihr Interesse bekundet. Teile der Ärzteschaft, die unter Einkommens- und Ansehensverlusten zu leiden haben, erhoffen sich von Gesundheitszielen den Weg in eine Medizin, die wieder stärker an den Belangen der Patienten orientiert ist und im Verein mit einer Reform der Vergütung dies auch honoriert. Landesregierungen engagieren sich, um auf Länderebene die politischen Akteure zu sammeln, zu vernetzen und letztlich im Wettbewerb der Regionen Standortvorteile zu entwickeln. Auch Teile der Pharmaindustrie versprechen sich von ergebnisorientierten Gesundheitszielen verbesserte Absatzmöglichkeiten für ihre Produkte.

Wirkungsvolle Instrumentarien zur Entwicklung von Gesundheitszielen liegen vor (BUSSE/WISMAR 1997), Konzepte zur ergebnisorientierten Vergütung sind ebenfalls bereits entwickelt und stoßen in konkretisierter Form (KRAUTH et al. 1997) auf das Interesse der Politik.

Für eine Bewertung dieser im Anfangsstadium befindlichen Entwicklung ist es noch zu früh. Allerdings können wir nun Antworten auf die eingangs gestellten Fragen formulieren: Wie steuerbar ist das Gesundheitswesen, wieviel Rationalität ist möglich? Die Ausweitung der Selbststeuerungspotentiale des Gesundheitswesens durch die Erweiterung des Handlungsrahmens der Selbstverwaltung und der gesundheitspolitischen Akteure erscheint im Lichte der jüngsten Entwicklungen als politisches Gebot. Nicht die Steuerbarkeit des Gesundheitswesens per se, sondern vielmehr der staatliche Interventionismus muß als problematisch eingestuft werden (SCHARPF 1988:67).

Auch die WHO nimmt Abstand vom hierarchischen etatistischen Politikmodell, das noch das Programm „Gesundheit für alle bis zum Jahr 2000" geprägt hat. Die politische Strategie, die im Konsultationsdokument „health for all in the 21st century" zur Diskussion gestellt ist, setzt stärker auf die Eigeninteressen der lokalen und regionalen Akteure im Politikfeld (WISMAR/BUSSE 1998).

Daher ist eine Weiterentwicklung, die auf die endogenen Lern- und Reformpotentiale setzt, nicht gleichzusetzen mit einem Rückzug staatlicher Instanzen aus der Gesundheitspolitik. Letztlich bleibt der Gesetzgeber Hüter des Gemeinwohls. Er würde aber stärker moderierend und flankierend eingreifen, langfristige Orientierungen schaffen und Rahmenbedingungen setzen, unter denen konkrete Gesundheitsziele regional oder lokal entwickelt, umgesetzt und evaluiert werden können. Diese Perspektive verspricht einen Zugewinn an Rationalität in Gesundheitswesen und -politik.

Literatur

Bernhard BLANKE: »Governance« im Gesundheitswesen, in: Bernhard BLANKE (Hrsg.): Krankheit und Gemeinwohl, S. 13-35, Leske & Budrich, Opladen 1994.

Bernhard BLANKE, Christiane PERSCHKE-HARTMANN: The 1992 health reform: victory over pressure group politics, in: German Politics, no. 3/2 (1994), S. 233-248.

Bernard BRAUN: Gesamt-Ergebnisbericht der GEK-Befragung von Kassen-"Einwechslern", Zentrum für Sozialpolitik Universität Bremen, Bremen 1997a.

Bernard BRAUN: Gesamt-Ergebnisbericht der GEK-Befragung von Kassen-"Auswechslern", Zentrum für Sozialpolitik Universität Bremen, Bremen 1997b.

Reinhard BUSSE, Friedrich Wilhelm SCHWARTZ: Financing reforms in the German hospital sector: from full cost cover principle to prospective case fees, in: Medical Care, vol. 35, no.10 (1997), p. 40-49.

Reinhard BUSSE, Matthias WISMAR: Funktionen prioritärer Gesundheitsziele für Gesundheitssysteme, in: Arbeit und Sozialpolitik, 51. Jg., Heft 3/4 (1997), S. 27-36.

Marian DÖHLER: Gesundheitspolitik nach der "Wende": Policy Netzwerke und ordnungspolitischer Strategiewechsel in Großbritannien, den USA und der Bundesrepublik Deutschland, Edition Sigma, Berlin 1990.

DOK: Gesundheitsnotizen aus der EU, in: DOK, 79. Jg., Heft 22 (1997), S. 726-728.

J. E. HARVEY, E. FRALICK: Public health- targeting negelct, in: The health service journal, vol. 107, no. 5564 (1997), p. 26-27.

Klaus-Dirk HENKE, Monika KÜCKING-KIPSHOVEN: Gesundheitsversorgung 2000: Grundlagen für gesundheitspolitisches Umdenken, in: Die Ersatzkasse, 75.Jg., Heft 8 (1995), S. 293-297.

Christian KRAUTH, Friedrich Wilhelm SCHWARTZ, Matthias PERLETH, Kurt BUSER, Reinhard BUSSE, J.-Matthias Graf von der SCHULENBURG: Zur Weiterentwicklung des Vergütungssystems in der ambulanten ärztlichen Versorgung. Gutachten im Auftrag der Bundestagsfraktion Bündnis 90/Die Grünen, Diskussionspapier Nr. 9, Forschungsstelle für Gesundheitsökonomie und Gesundheitssystemforschung, Hannover 1997.

Kurt LANGBEIN, Hans-Peter MARTIN, Hans WEISS: Bittere Pillen, 55. Aufl., Kiepenheuer & Witsch, Köln 1990.

J.M. MC GINNIS: Setting nationwide objectives in disease prevention and health promotion: the United States experience. In: W. W. HOLLAND, R. DETELS, G. KNOX (eds.): Oxford textbook of public health - Volume 3 - Investigative methods in public health, Oxford University Press, Oxford-New York-Toronto 1985.

Peter OBERENDER: Deregulierung und Privatisierung im Gesundheitswesen: Notwendigkeit, Möglichkeiten und Grenzen einer marktlichen Steuerung in der gesetzlichen Krankenversicherung, in: Detlef AUFDERHEIDE (Hrsg.): Deregulierung und Privatisierung, S. 65-79, Kohlhammer, Stuttgart-Berlin-Köln 1990.

Fritz W. SCHARPF: Verhandlungssysteme, Verteilungskonflikte und Pathologien der politischen Steuerung, in: Manfred G. SCHMIDT (Hrsg.): Staatstätigkeit, PVS Sonderheft 19 (1988), S. 61-87.

Friedrich Wilhelm SCHWARTZ, Ilona KICKBUSCH, Matthias WISMAR: Ziele und Strategien der Gesundheitspolitik, in: Friedrich Wilhelm SCHWARTZ, Bernhard BADURA, Reiner LEIDL, Heiner RASPE, Johannes SIEGRIST (Hrsg.): Das Public-Health-Buch: Gesundheit und Gesundheitswesen, S. 172-188, Urban und Schwarzenberg, München/Wien/Baltimore 1998.

Friedrich Wilhelm SCHWARTZ, Ulla WALTER: Gesundheitsförderung im Spannungsfeld der Gesundheitsreformen, in: Thomas ALTGELD, Ina LASER, Ulla WALTER (Hrsg.): Wie kann Gesundheit verwirklicht werden?, S. 53-72, Juventa Verlag, Weinheim/München 1997.

Edward SONDIK: Healthy People 2000: meshing national and local health objectives, in: Public Health Reports, vol. 111, no. 6 (1996), p. 518-520.

Ulrich SCHWABE: Überblick über die Arzneiverordnung im Jahre 1994, in: Ulrich SCHWABE, Dieter PAFFRATH (Hrsg.): Arzneiverordnungs-Report ´95, S. 1-17, Gustav Fischer Verlag, Stuttgart/Jena 1995.

Harry P.A. van de WATER, Loes M. van HERTEN: Bull's Eye or Achilles' Heel; WHO's European health for all targets evaluated in the Netherlands, TNO, Leiden 1996.

Douglas WEBBER: Zur Geschichte der Gesundheitsreformen in Deutschland - II. Teil: Norbert Blüms Gesundheitsreform und die Lobby, in: Leviathan, 12. Jg., Heft 2 (1989), S. 262-300.

Matthias WISMAR, Reinhard BUSSE: Ergebnisorientierte Gesundheitsziele für Gesundheitswesen. Public Health Forum, 6. Jg., Heft 20 (1998), S. 10-11.

Workshop

Krankenhaushygiene als Aufgabe der Qualitätssicherung

Referenten:

Helmut Mittermayer
Michael Gehrer

Chair: Elisabeth Seidl

3. Krankenhaushygiene als Aufgabe der Qualitätssicherung

Helmut Mittermayer

Krankenhausinfektionen sind ein weltweites Problem, das sowohl die industrialisierten als auch die Länder der Dritten Welt betrifft. Entsprechend der unterschiedlichen Ausgangslage sind in den industrialisierten Ländern in erster Linie Patienten mit schweren Grundkrankheiten und folglich stark reduzierter Abwehr und Patienten, die sich hoch spezialisierten diagnostischen und therapeutischen Eingriffen unterziehen müssen, durch solche Infektionen gefährdet, während in den Ländern der Dritten Welt häufig auch einfache medizinische Maßnahmen Ursache von oft schwerwiegenden Infektionen sind. So bedeuten medizinische Eingriffe in Ländern mit begrenzten Ressourcen immer noch ein beträchtliches Risiko für die Übertragung einer Hepatitis B oder C oder sind einfache chirurgische Eingriffe der Ausgangspunkt schwerer Wundinfektionen, die oft zu einer bleibenden Behinderung führen.

Krankenhaushygiene als Teil des Faches Hygiene, das sich mit den präventiven Strategien in der Medizin beschäftigt, setzt sich mit der Erkennung, Verhütung und Bekämpfung dieser Krankenhausinfektionen auseinander. Krankenhaushygiene und im weiteren Sinne das medizinische Sonderfach Hygiene und Mikrobiologie ist durch diese Zielrichtung seit jeher ein aktiver Bestandteil der Qualitätssicherung in der medizinischen Versorgung. Krankenhausinfektionen verursachen Kosten und verbrauchen Ressourcen, die damit nicht zur Erfüllung anderer Aufgaben im Gesundheitswesen zur Verfügung stehen. In weiterer Folge soll im wesentlichen auf spezifische Fragen der Krankenhaushygiene in Ländern mit hohem sozialen und medizinischen Standard eingegangen werden. Für Länder mit limitierten Ressourcen stehen neuerdings auch Handbücher zur Verfügung, in denen wirksame Maßnahmen auch unter finanziell restriktiven Bedingungen beschrieben werden (MEHTAR 1992).

3.1. Begriffsbestimmung

Krankenhausinfektionen (nosokomiale Infektionen) sind alle Infektionen, die in einem kausalen Zusammenhang mit dem Aufenthalt des Patienten im Krankenhaus stehen und die zum Zeitpunkt der Aufnahme ins Krankenhaus weder manifest noch in der Inkubationszeit waren.

Es sind gerade die Fortschritte der modernen Medizin, die unbestreitbar in der Lage sind, nicht nur Leben zu verlängern, sondern auch Lebensqualität zu sichern und zu steigern, die ein besonderes Risiko für das Entstehen von Krankenhausinfektionen in sich bergen. Im besonderen gilt dies für die Intensiv- und Transplantationsmedizin sowie für die hämatologisch-onkologischen Behandlungsmethoden.
Das erhöhte Infektionsrisiko liegt einerseits in einer beträchtlichen Exposition gegenüber Infektionserregern durch die Anwendung vielfältiger invasiver Maßnahmen in Diagnostik und Therapie, wie etwa intravasale Katheter oder ausgedehnte Operationen, andererseits in einer besonderen Disposition, also einer erhöhten Infektionsanfälligkeit vieler Patienten, die durch eine schwere Grundkrankheit, durch Polytraumen, medikamentöse Immunsuppression, therapeutisch induzierte Neutropenie, Unreife des Immunsystems in der Frühgeborenenperiode oder durch hohes Lebensalter verursacht sein kann.

Infektionen machen die Erfolge aufwendiger medizinischer Maßnahmen zunichte. In vielen Fällen ist nicht mehr die Grundkrankheit der limitierende Faktor, sondern eine nicht mehr beherrschbare Infektion.
Erschwerend kommt hinzu, daß Krankenhausinfektionen häufig durch antibiotikaresistente Bakterienstämme hervorgerufen werden, wodurch die therapeutischen Optionen stark eingeschränkt sind. Infektionen durch resistente Bakterienstämme sind nicht nur schwierig, sondern auch meist nur durch teure Antibiotika behandelbar.

3.2. Häufigkeit von Krankenhausinfektionen

Angaben in der Literatur über die Häufigkeit von Krankenhausinfektionen sind sehr unterschiedlich. Dies ist leicht verständlich, da die Infektionsquote stark vom Leistungsspektrum einer Abteilung und von der Zusammensetzung der betreuten Patientengruppen abhängt. Im wesentlichen kann man davon ausgehen, daß bei 2,5 - 10% aller Krankenhausaufnahmen Infektionen auftreten, wenngleich die einzelnen Literaturangaben stark voneinander abweichen (MEERS et al. 1981, DANFORTH et al. 1987, McLAWS et al. 1988, HÜBNER et al. 1989, VERBRUGH et al. 1990, STAMM et al. 1993, RÜDEN et al. 1997, GASTMEIER et al. 1998).

Abbildung 3: Krankenhausinfektionen

Krankenhausinfektionen

- Inzidenz 2,5 - 10%
- 70% davon in operativen Fächern
- am stärksten betroffen: Intensivpatienten, alte Menschen u. Schwerkranke
- 3 - 14% aller Todesfälle im Krankenhaus
- Verlängerung des Spitalsaufenthaltes um 4 - 30 Tage

Erwartungsgemäß ist die Infektionsquote auf Intensivstationen am höchsten. In einer europäischen Prävalenzstudie (EPIC Study, VINCENT et al 1995), in der an einem einzigen Tag die Daten von mehr als 10.000 Patienten an 1.417 Intensivabteilungen in 17 europäischen Ländern erfaßt wurden, hatten etwa 45% aller Patienten auf Intensivstationen eine Infektion, bei 21% der Patienten wurde diese Infektion auf der Intensivstation erworben.

Abbildung 4: Europäische Prävalenz Studie von Infektionen auf Intensivstationen (EPIC)

Europäische Prävalenz Studie von Infektionen auf Intensivstationen (EPIC)

- Punkt-Prävalenz Studie (Europa, 28. April 1992)
  10.038 Patienten, 1.417 Intensivstationen, 17 Länder
- Infektionen: 44,8 infizierte Patienten, davon 20,8 % auf der Intensivstation erworbene Infektionen
- auf der Intensivstation erworbene Infektionen

Pneumonie	47 %
andere Infektionen des unteren Respirationstraktes	18 %
Harnwegsinfektionen	18 %
Septikämien	12 %

nach VINCENT et al. 1995

Auch demographische Faktoren beeinflussen die globale Infektionsquote eines Krankenhauses. Ältere Menschen sind häufiger betroffen. So waren in einer amerikanischen Untersuchung 54% der Patienten mit Krankenhausinfektionen über 65 Jahre alt (EMORI et al 1991).

Abbildung 5: Krankenhausinfektionen

Krankenhausinfektionen

- National Nosocomial Infectious Study (NNIS) USA 1986 - 1990
  89 Spitäler
  101.479 nosokomiale Infektionen bei Patienten > 15 Jahre
- 54 % > 65 Jahre
  44 % Harntrakt
  18 % Pneumonie
  11 % Wundinfektion
  8 % Septikämie
- 46 % 15 - 64 Jahre
  12 % verstorben

nach T.G. EMORI et al. 1991

Es ist verständlich, daß aufgrund der unterschiedlichen Gegebenheiten repräsentative Zahlen, die eine Aussage über Krankenhausinfektionen für ein Land oder eine größere Region ermöglichen, kaum zu ermitteln sind. Überdies scheinen einzelne Studien die Prävalenz von Infektionen zu über- oder zu unterschätzen (RUEF 1997). Unabhängig davon, ob nun in einzelnen Fällen die Prävalenz über- oder unterschätzt wird, bleibt das Problem selbst als ernstzunehmende Herausforderung bestehen.
Die insgesamt häufigsten nosokomialen Infektionen sind Harnwegsinfektionen, gefolgt von Wundinfektionen, Pneumonien und Septikämien. Auf Intensivstationen sind Pneumonien und andere Infektionen des unteren Respirationstraktes am häufigsten, dann folgen mit etwa gleichen Anteilen Harnwegsinfektionen und Septikämien.

3.3. Kosten von Krankenhausinfektionen

Neben dem persönlichen Leid der Betroffenen entstehen durch nosokomiale Infektionen auch beträchtliche Kosten für das Gesundheitssystem und die Allgemeinheit. Kosten von Krankenhausinfektionen lassen sich in drei Bereiche aufgliedern, nämlich

- in Kosten, die im Krankenhaus selbst anfallen durch den Aufwand für Diagnostik und Therapie und durch eine Verlängerung der Aufenthaltsdauer,
- in Kosten der Nachsorge, wenn niedergelassene Ärzte oder eine Ambulanz in Anspruch genommen werden oder eine neuerliche Hospitalisierung erforderlich ist und durch Kosten, die für Medikamente und Rehabilitation anfallen, und
- in Sozialkosten, die durch Arbeitsausfall, verminderte Aktivität, Invalidität oder Tod entstehen.

In der Literatur gibt es vielfache Hinweise auf Mehrkosten durch nosokomiale Infektionen, die sich meist auf die Kosten des Krankenhausaufenthaltes beziehen. So hat ROTTER (1990) die Kosten einer Krankenhausinfektion allein durch den verlängerten Krankenhausaufenthalt auf etwa öS 15.000,-- geschätzt. In einer Untersuchung, die auf der Basis der KRAZAF-Daten 1993 eine Abschätzung der möglichen Auswirkungen vornimmt, werden für Österreich die Mehrkosten allein durch die Verlängerung der Aufenthaltsdauer im Krankenhaus mit 2,8 - 4,5 Milliarden öS pro Jahr beziffert (MITTERMAYER 1995).

Abbildung 6: Krankenhausinfektionen in Österreich/Kostenschätzung

Krankenhausinfektionen in Österreich
Kostenschätzung

Krankenhaus - Aufnahmen		1, 702.616
Kosten / Belagstag	öS	4.739,--
Verstorbene		42.494

(KRAZAF Kostenrechnung 1993)

Annahme: Infektionsrate 5 - 7 %
Aufenthaltsverlängerung 7 - 8 Tage
6 % der Todesfälle durch KHI

- geschätzte Mehrkosten: öS 2. 824 - 4. 518 Mio.
- geschätzte Zahl der Todesfälle durch nosokomiale Infektionen 2.550 (32 / 100.000)

nach MITTERMAYER 1995

Diese Mehrkosten sind natürlich auch bei exakter Einhaltung krankenhaushygienischer Maßnahmen nicht zur Gänze einzusparen. Wenn man von einer amerikanischen Untersuchung ausgeht, die die Infektionsraten in Krankenhäusern mit und ohne aktive Krankenhaushygiene vergleicht (HALEY 1986), liegt ein realistisches Potential jedoch bei einer Reduktion der Krankenhausinfektionen um ein Drittel und einer damit verbundenen Kostenreduktion um diesen Anteil. Wenngleich krankenhaushygienische Maßnahmen generell als kostensparend angesehen werden, so müssen die einzelnen Maßnahmen dennoch einer Analyse über Kosteneffizienz und einer Kosten-Nutzen-Rechnung unterzogen werden (NETTLEMAN 1997).

3.4. Präventive Maßnahmen

Infektionsprävention wird im Krankenhaus seit langem durchgeführt, allerdings haben nicht alle der traditionell angewandten Maßnahmen eine feste wissenschaftliche Basis, sondern beruhen oft auf irrationalen Vorstellungen über die Infektionsübertragung. Ebenso haben sich im Krankenhausbereich viele Rituale etabliert, deren Nutzen zumindest fragwürdig ist. Maßnahmen müssen einerseits logisch nachvollziehbar sein, d.h. sie müssen sich am epidemiologischen Infektionsmodell, das die wesentlichen Elemente der Infektionsübertragung beschreibt, orientieren, andererseits müssen sie zu einer meßbaren Senkung der Infektionshäufigkeit führen.
Gemessen an diesen Anforderungen sind manche traditionell angewandte Verfahren, wie die Desinfektion patientenferner Oberflächen, nicht zielführend oder sind aufwendige technische Ausrüstungen, wenngleich zum allgemeinen Standard gehörend und legistisch gefordert, wie die Raumlufttechnik im Krankenhaus, nur marginal kosteneffizient.
Sehr wirksam in der Unterbrechung von Übertragungswegen sind vergleichsweise einfache Maßnahmen wie Hände- und Kleidungshygiene sowie die Desinfektion von Gegenständen und Medien, die direkten Kontakt mit Wunden oder physiologisch sterilen Körperbereichen des Patienten haben.
Es sind im wesentlichen die Techniken in der Pflege, in der Diagnostik und Therapie, bei denen die einzelnen Schritte auf hygienische Relevanz überprüft werden müssen. Da der Erfolg in der Infektionsprävention in erster Linie vom persönlichen Verhalten der Akteure und weniger von der technischen Ausstattung, wenngleich diese notwendig (z.B. Sterilisatoren) ist, abhängt, liegt ein wesentliches Augenmerk auf der Bewußtseinsbildung und der Motivation sowie auf der Aus- und Fortbildung des Personals.
Zu konkreten Fragen über die Infektionsprävention im Krankenhaus geben einige ausgezeichnete Handbücher Auskunft (WENZEL 1997, BENNET & BRACHMAN 1998, AYLIFFE/LOWBURY/GEDDES/WILLIAMS 1992, FLAMM 1994).

3.5. Organisation der Krankenhaushygiene

Damit theoretische Erkenntnisse in der Praxis wirksam werden, bedarf es einer entsprechenden Organisation. Dies trifft auch auf die Krankenhaushygiene zu. Für Österreich besteht eine gesetzliche Regelung, die im § 8a des Krankenanstaltengesetzes 1993 niedergelegt ist. Auf der Basis dieses Rahmengesetzes des Bundes waren von den Ländern Krankenanstaltengesetze für ihren Wirkungsbereich zu beschließen. Gesetzlich wird festgelegt, daß in Krankenanstalten ein Krankenhaushygieniker, d.h. ein Facharzt für Hygiene und Mikrobiologie, oder ein hygienebeauftragter Arzt, d.h. ein zur selbständigen Berufsausübung berechtigter Arzt einer beliebigen Fachrichtung, zu bestellen ist. Weiters wird die Funktion der Hygienefachkraft gesetzlich verankert. Krankenhaushygieniker/hygienebeauftragter Arzt und Hygienefachkraft bilden in bettenführenden Krankenanstalten das Hygieneteam, dem auch weitere für die Belange der Hygiene bestellte Angehörige des ärztlichen und nichtärztlichen Dienstes angehören können. § 8a Abs. 4 des Bundeskrankenanstaltengesetzes erteilt dem Hygieneteam den Auftrag, in den nachfolgend genannten Bereichen tätig zu werden (BUNDESGESETZBLATT Nr. 801, 1993):

- Bei Maßnahmen, die der Erkennung, Verhütung und Bekämpfung von Krankenhausinfektionen und der Gesunderhaltung dienen.
- Bei der Erstellung von Hygieneplänen.
- Bei der Mitsprache bei Neu-, Zu- und Umbauten.
- Bei der Geräte- und Güterbeschaffung.
- Bei der Beratung bei allen für die Wahrung der Hygiene wichtigen Angelegenheiten.
- Bei der Beschlußfassung und schriftlichen Weiterleitung an die für die Umsetzung Verantwortlichen.

Auf der Basis dieser strukturellen und prozeßrelevanten Vorgaben wurden in den einzelnen Krankenanstalten Hygieneteams gebildet, die als der kollegialen Führung zugeordnete Stabsstelle ihre Aufgaben erfüllen. Der zitierten gesetzlichen Festlegung gingen in Österreich in den letzten 10 - 15 Jahren vielfältige, manchmal sehr erfolgreiche Aktivitäten voraus, die letztendlich einer für Österreich einheitlichen gesetzlichen Normierung den Weg bereiteten.

3.6. Qualitätsmanagement

Wie eingangs bereits ausgeführt, ist die Krankenhaushygiene ein wesentlicher Bestandteil des Qualitätsmanagements im Gesundheitswesen. Verminderung von Krankenhausinfektionen ist wohl eindeutig als qualitätsverbessernd anzusehen. Wie andere Bereiche des Gesundheitswesens, muß sich die Krankenhaushygiene auch selbst einer Evaluierung der Qualität unterziehen.

In einer Studie über die Strukturen und Prozesse in der Krankenhaushygiene in Österreich (MECHTLER et al. 1997) wurde untersucht, inwieweit gesetzliche Vorgaben umgesetzt wurden und welche zusätzlichen strukturellen und prozeßrelevanten Bedingungen für das Tätigwerden in der Krankenhaushygiene existieren. Es zeigte sich, daß ein Großteil der österreichischen Krankenanstalten zumindest ansatzweise die wichtigsten Anforderungen erfüllt, wenngleich einige strukturelle Mängel, etwa in den Arbeitsbedingungen der Hygieneteams, geortet wurden.

Nicht einbezogen in die Studie wurde die Ergebnisqualität, da darüber zur Zeit in Österreich Daten nur spärlich vorhanden sind. Als Konsequenz dieser fehlenden Daten ergibt sich die dringende Notwendigkeit, in der Zukunft dem Problem der standardisierten Infektionserfassung größere Aufmerksamkeit zu widmen. Gleichzeitig muß eine Vernetzung der Daten zwischen klinischen Abteilungen und mikrobiologischen Labors erfolgen.

3.7. Ausblick

Im Zusammenhang mit den Veränderungen, die die vergangenen Jahre für viele Einrichtungen des Gesundheitswesens gebracht haben, kommt präventiven Strategien und im Krankenhaus insbesondere der Infektionsprävention eine besondere Bedeutung zu. Konnten die Krankenanstalten zuvor noch einen Teil der Kosten, die durch nosokomiale Infektionen entstanden

sind, auf andere Kostenträger überwälzen, so müssen die Kosten heute direkt getragen werden.
Auch aus der demographischen Entwicklung, aus der sich eine immer noch steigende Lebenserwartung der Bevölkerung ergibt, kommt zusätzlicher Kostendruck auf das Gesundheitswesen zu. Gerade ältere Menschen sind es, die im Krankenhaus die Mehrzahl der von nosokomialen Infektionen betroffenen Patienten stellen. Die qualitätssichernde Funktion der Krankenhaushygiene wird daher in Zukunft an Bedeutung gewinnen. Wenn die Qualität im Gesundheitswesen vor den negativen Effekten eines zunehmenden Kostendruckes geschützt werden soll, muß die Effizienz des Mitteleinsatzes verbessert werden (KÖCK 1998). Krankenhaushygiene kann ein solcher Beitrag zur Kosteneffizienz sein. Im Vordergrund steht aber in jedem Fall der ethische Grundsatz, alle vermeidbaren Schädigungen vom Patienten fernzuhalten.

Literaturverzeichnis

S. MEHTAR: Hospital Infection Control - Setting up with Minimal Resources Oxford University Press, Oxford, New York, Tokio 1992

PD MEERS, AYLIFFE GAJ, EMERSON AM, LEIGH DA, MAYON-WHITE RT, MACKINTOSH CA, STRANGE JL: Report on the National Survey of Infection in Hospital, in: J. Hosp. Infect., 2 (1981), S. 1 - 51

D DANFORTH, NICOLLE LE, HUME K, ALIFERI N, SIMS H: Nosocomial infections on nursing units with floors cleaned with a disinfectant compared with tergent, in: J. Hosp. Infect., 10 (1987), S. 229 - 235

ML McLAWS, GOLD J, KING K, IRWIG LM, BERRY G: The prevalence of nosocomial and community-acquired infections in Australian hospitals, in: Med. J. Aust, 149 (1988), S. 582 - 590

J HÜBNER, FRANK U, KAPPSTEIN I, JUST HM, NOELDGE G, GEIGER K, DASCHNER FD: Influence of architectural design on nosocomial infections in intensive care units - a prospective 2-year analysis, in: Intensive Care Med., 15 (1989), S. 179 - 183

H RÜDEN, P GASTMEIER, FD DASCHNER, M SCHUHMACHER: Nosocomial and Communitiy-Acquired Infections in Germany. Summary of the Results of the First National Prevalence Study (NIDEP)

P GASTMEIER, G KAMPF, N WISCHNEWSKI, T HAUER, G SCHULGEN, M SCHUHMACHER, F DASCHNER, H RÜDEN: Prevalence of nosocomial infections in representative German hospitals, in Journal of Hospital Infection (1998) 38, S. 37 - 49

HA VERBRUGH, AJ MINTJES-DE-GROOT, RP VERKOOYEN: Registration and prevention of hospital infections in a general hospital, in: Ned. Tijdschr. Gneeskd., 134 (1990), S. 490 - 495

AM STAMM, MN LONG, B BELCHER: Higher overall nosocomial infection rate because of increased attack rate of methicillin-resistant Staphylococcus aureus, in: Am. J. Infect. Control., 21 (1993), S. 70 - 74

JL VINCENT, DJ BIHARI, PM SUTER, HA BRUINING, J WHITE, MH NICOLAS CHANOIN, M WOLFF, RC SPENCER, M HEMMER: The prevalence of nosocomial infection in intensive Care units in Europe. Results of the European Prevalence of Infection in Intensive Care (EPIC) Study, in: JAMA, 274 (1995), S. 639 - 44

TG EMORI, BANERJEE SN, CULVER DH, GAYNES RP, HORAN TC, EDWARDS JR, JARVIS WR, TOLSON JS, HENDERSON TS, MARTONE WJ et al.: Nosocomial infections in elderly patients in the United States, 1986 - 1990. National Nosocomial Infections Surveillance System, in: Am. J. Med., 91 (1991), S. 289 - 293

C RUEF: Prevalence of nosocomial infections - who knows the true rates?, in: Infection, 25, 4 (1997), S. 203 - 205

M ROTTER: Epidemiologie der Krankenhausinfektionen. Österreichische Krankenhaus-Zeitung 31, 1990, S. 577 - 582

H MITTERMAYER: Häufigkeit und Kosten von Krankenhausinfektion. Schätzungen für Österreich, in: Österreichische Krankenhaus-Zeitung, 36. Jg., 12 (1995), S. 24 - 28

BUNDESGESETZBLATT Nr. 801, (1993), § 8 a

RW HALEY: Managing hospital infection control for cost effectiveness: a strategy for reducing infectious complications. American Hospital Association, Chicago (1986)

RP WENZEL (Hrsg.): Prevention and control of nosocomial infections. 3. Aufl., Williams & Wilkins, Baltimore 1997

JV BENNETT & PS BRACHMAN (Hrsg.): Hospital Infections. 4. Aufl., Lippincott - Raven Publishers, Philadelphia, New York 1998

H FLAMM (Hrsg.): Angewandte Hygiene in Krankenhaus und Arztpraxis. 3. Aufl., Göschl, Wien 1994

C KÖCK: Qualitätsverbesserung als globale Herausforderung: Lernen am Unterschiedlichen und am Gemeinsamen, in: Wiener Klinische Wochenschrift, 110. Jg., Heft 7 (1998), S. 239 - 242

R MECHTLER, J ECKER, V HAHN, E DIENSTL, H MITTERMAYER: Evaluation der Strukturen und Prozesse in der Krankenhaushygiene, in: Hyg Med, 22. Jg., Heft 11 (1997), S. 554 - 558

MD NETTLEMAN, MD, MS: Cost-Effectiveness and Cost-Benefit Analysis in Infection Control, in RP Wenzel (Hrsg.): Prevention and Control of Nosocomial Infections. 3. Aufl., S. 19 - 32

GAJ AYLIFFE, EJL LOWBURY, AM GEDDES, JD WILLIAMS (Hrsg.): Control of Hospital Infection. 3. Aufl., Chapman & Hall Medical, London, 1992

4. Die Krankenhaushygiene als Teil der Qualitätssicherung im Krankenhaus

Michael Gehrer

4.1. Einleitung

Für Qualität gilt nicht nur im Gesundheitswesen der Umstand, daß bevor man Qualität sichern kann, sie erst definiert werden muß. Vor mehr als 30 Jahren wurde der Begriff Qualität erstmals in Kombination mit Gesundheit verwendet und 1995 in der EN ISO 8402 schließlich als Gesamtheit von Merkmalswerten einer Einheit unter Berücksichtigung ihrer Eignung und der vorausgesetzten Erfordernisse beschrieben. Gerade diese Anforderungen sind auch in der Medizin unbedingt notwendig, um Qualität definieren zu können.

4.2. Die Entwicklung der Implementierung des Begriffes „Qualität" im Gesundheitswesen

Die Versuche, Qualität und Qualitätsbewußtsein in verschiedensten Bereichen zu verankern, haben während der letzten 40 Jahre vielerlei Wandlungen erfahren. War es in den 50er und 60er Jahren der Begriff „Qualitätskontrolle", der sich durch Produktorientierung, Entwicklung von Prüfverfahren und statistischen Methoden auszeichnete, so wurden die 70er und 80er Jahre durch die „systematische Qualitätssicherung" geprägt. Hier orientierte man sich bereits am Prozeß und rief vielerorts QS-Abteilungen ins Leben. Ebenso wie die systematische Qualitätssicherung die Qualitätskontrolle nicht ersetzte, sondern erweiterte, kam in den 90er Jahren das Element der „umfassenden Qualitätsmanagements" ergänzend hinzu. Dieses Total Quality Management (TQM) ist gekennzeichnet durch Begriffe wie Kundenorientierung, Einbeziehung aller Mitarbeiter und Prozesse, sowie den Umstand, daß erkannte Schwachstellen und Fehlerquellen immer die Chance für Verbesserungen darstellen.

4.3. Hygienemanagement

Im Bereich der Krankenhaushygiene ist es ebenfalls sinnvoll, von einem Hygienemanagement zu sprechen, das sich vor allem durch ständige Verbesserungen in allen Bereichen der medizinischen Versorgung auszeichnet. Die Implementierung eines solchen Qualitätsmanagementsystems ist nicht über Nacht realisierbar. Nicht zuletzt aufgrund der immer wieder auftretenden Konfliktpotentiale (z.B. durch Dokumentation und Kontrolle der festgelegten Standards) wird ein Zeitraum von ca. 6 - 7 Jahren dafür als realistisch angesehen, um ein Hygienemanagementsystem in die Praxis umzusetzen.

Die fünf wichtigsten Abschnitte sind:

1) Projektierungsphase
2) Implementierungsphase
3) Analysephase
4) Reorganisationsphase
5) Evaluierungsphase

Dabei können Institutionen wie Hygienekommission und Hygieneteam (z.B. mit der Erstellung eines Hygieneplans) wesentlich zum Gelingen beitragen.

Workshop

Die Rolle der Krankenkassen bei der Reform des Gesundheitssystems

Referenten:

Johann Mayr
Bernard Braun

Chair: Oskar Meggeneder

5. Die Rolle der sozialen Krankenversicherung bei der Zielfindung im Gesundheitswesen

Johann Mayr

Das Gesundheitswesen unseres Landes - ich nehme an beim deutschen Nachbarn ist dies nicht wesentlich anders - weist teils noch erhebliche Steuerungsdefizite auf. Diesem Mangel sollte man meiner Ansicht nach dadurch begegnen, daß man dem Aspekt der Zielorientierung in der Steuerung des Gesundheitswesens wesentlich größere Bedeutung einräumt.

Nach der derzeitigen Kompetenzverteilung im österreichischen Gesundheitswesen hat die soziale Krankenversicherung wesentliche Felder des Gesundheitswesens zu lenken und zu steuern. In unseren Zuständigkeitsbereich fallen - grob gesagt - die Gesundheitsförderung, der gesamte Bereich der ambulanten medizinischen Versorgung sowie große Teile des Feldes der medizinischen Rehabilitation. Um im Rahmen einer zielorientierten Reform des Gesundheitswesens die Rolle der Krankenversicherung auszuloten, wären zunächst - so meine ich - zwei Fragen zu diskutieren:

1) Welche Ziele soll das öffentliche Gesundheitswesen überhaupt verfolgen?
2) (abgeleitet von 1) Welche Ziele hat eine Reform des öffentlichen Gesundheitswesens?

5.1. Ziele für das öffentliche Gesundheitswesen

Aus Sicht der Oberösterreichischen Gebietskrankenkasse gibt es gewisse Grundziele, die für das öffentliche Gesundheitswesen gelten sollen:

a) Der Zugang zu Leistungen des öffentlichen Gesundheitswesens auf allen drei Ebenen (Prävention, kurative Medizin, Rehabilitation) muß unabhängig vom Einkommen, vom Vermögen, vom Geschlecht und von anderen individuellen Eigenschaften nach dem Gleichheitsprinzip möglich sein. Nach dem Bedarfsprinzip muß jeder jene medizinischen Leistungen bekommen, die er nach seinem Gesundheitszustand benötigt. Es darf auch keine Rationierungen geben.

b) Die Mittel im Gesundheitswesen sollen in bezug auf vorher definierte Gesundheitsziele effektiv eingesetzt werden.

c) Der Mitteleinsatz muß effizient geschehen (gute Relation zwischen Kosten/Nutzen).

d) Die erstellten Gesundheitsleistungen müssen bestimmte Qualitätsnormen erfüllen.

Das erste dieser Grundziele (freier und gleicher Leistungszugang) kann und muß sicherlich noch optimiert werden. Hier gibt es große regionale Unterschiede. Jemand, der beispielsweise 30 bis 40 km von der Bezirkshauptstadt Rohrbach entfernt wohnt, wird kaum den selben Zugang zu Gesundheitsleistungen haben wie eine Bürgerin oder ein Bürger der Stadt Linz.

Dem Grundziel nach freiem und gleichem Leistungszugang entsprechen einige Grundprinzipien der Sozialversicherung: Zu nennen ist zuerst das **Solidaritätsprinzip**. Demgemäß geschieht die **Finanzierung** der sozialen Krankenversicherung in Abhängigkeit vom zur Verfügung stehenden Einkommen. Jemand, der mehr verdient, leistet mehr in den Solidartopf zur Finanzierung des Gesundheitswesens, jemand der weniger verdient entsprechend weniger. Hier kann man selbstverständlich diskutieren, warum die Solidarität in Österreich bei der Höchstbeitragsgrundlage aufhört. Dennoch muß man feststellen, daß für die breite Masse der Einkommensbezieher diese solidarische Finanzierung weitgehend in Kraft ist. Die **Solidarität** auf der **Leistungsseite** wird durch das Sachleistungsprinzip abgesichert: Jeder erhält ohne Rücksicht auf sein persönliches Einkommen, sein Vermögen, die von ihm bezahlten Beiträge etc. die gleiche Versorgung mit medizinischen Sachleistungen.

5.2. Reform des öffentlichen Gesundheitswesens

Wenn man über Reformziele für das Gesundheitswesen spricht , muß man zunächst darüber nachdenken, was bei der Erreichung der Grundziele des Gesundheitswesens derzeit falsch läuft. Woraus ergibt sich der Reformbedarf? Was ist die Lücke zwischen den angestrebten Grundzielen und der Realität? Die Diskussion über die Reformziele haben in erster Linie die politischen Verantwortungsträger und die Vertreter der Selbstverwaltungen der sozialen Krankenversicherung zu führen. Die soziale Krankenversicherung ist jene Institution, welche einmal getroffene politische Entscheidungen hauptsächlich umsetzen muß, sie muß daher in den Prozeß der Zielfindung intensiv einbezogen werden. Damit sollte auch ein relativ breiter gesellschaftlicher Konsens garantiert sein, da ja auch die Selbstverwaltung der Sozialversicherung von den Interessenvertretungen der Dienstnehmer (Arbeiterkammern, Gewerkschaften) und der Dienstgeber (Wirtschaftskammer) bestellt und getragen werden. Eine Reformdiskussion muß somit meiner Meinung nach von der Politik angestoßen und unter Einbeziehung der in der sozialen Krankenversicherung Verantwortlichen - also der Repräsentanten der Versicherten und der Beitragszahler - geführt werden. Es wird von den Vertretern aus Deutschland interessant sein zu hören, wie gerade das dort nicht umgesetzt wird.

5.3. Definition von Gesundheitszielen

Inhaltlich erscheint es mir wichtig, daß man im Gesundheitswesen verstärkt die Outcome-Diskussion führt. Zu diskutieren ist also nicht immer nur darüber, welche Ressourcen man in das Gesundheitswesen investiert (Ressourceninput), zu diskutieren ist verstärkt der konkrete Nutzen, der beim Leistungsempfänger, beim Patienten somit in der Bevölkerung bewirkt wird. Nach den Informationen die mir zugänglich sind, soll im Juni dieses Jahres auf OECD-Ebene ein Ministerrat stattfinden, wo man sich genau darüber - über den gesundheitspolitischen Outcome - unterhält. Noch im Dezember 1997 konnte - so eine Vorbereitungskonferenz in Paris - die Republik Österreich dazu noch keine geeigneten Datengrundlagen zur Verfügung stellen. Der Outcome, der konkrete Nutzen bei den Empfängern von Gesundheitsleistungen ist deshalb so wichtig, weil die Leistungsempfänger im Zentrum des Gesundheitssystems stehen sollten. In der medialen und gesellschaftlichen Diskussion hat man nicht sehr oft den Eindruck, daß dies der Fall ist. Zu sehr stehen die Leistungserbringer, seien es Ärzte, Krankenanstalten, Krankenversicherungsträger etc. im Zentrum. Wenn man als Outcome-Größe beispielsweise die Kennzahl "potential years of life lost" nimmt, erkennt man sofort, daß sehr viele Einflußgrößen (Arbeitsbedingungen, Einkommen, Lebensverhältnisse, Lebensgewohnheiten, Alter, Geschlecht) - nicht nur die traditionelle Medizin - darauf einen maßgeblichen Einfluß haben. Die Größe "Anteil der Gesundheitsausgaben am Bruttoinlandsprodukt" erklärt - dies muß man durchaus selbstkritisch feststellen - die Outcomevariable "potential years of life lost" nur zu einem kleinen Teil. Derzeit läuft die gesundheitspolitische Diskussion noch ziemlich falsch: Wir reden heutzutage vor allem über Input-Größen beispielsweise die Ärztedichte, die durchschnittlichen Gesundheitsausgaben pro Versicherten, die Anzahl von Apotheken, medizinischen Großgeräte, etc. in einer Region. Dies alles sagt jedoch noch nicht allzuviel darüber aus, wie der konkrete Gesundheitszustand der Bevölkerung einer Region tatsächlich ist. Zunächst wäre also auf politischer Ebene der anzustrebende Outcome - im Sinne der Verbesserung des Gesundheitszustandes der Bevölkerung - zu definieren, dann wäre es Sache der Sozialversicherung, mit den ihr zur Verfügung stehenden Ressourcen jene Leistungen (Output) zur Verfügung zu stellen, so daß sich der angestrebte gesellschaftliche Nutzen (Outcome) einstellt.

Die soziale Krankenversicherung hat - so ist sie konstruiert und so ist ihre Rolle im Gesundheitswesen definiert - auch die wesentliche Aufgabe, auf die verteilungspolitischen Effekte von Reformmaßnahmen zu achten. Es werden im Gesundheitswesen nicht nur (teilweise) äußerst wertvolle Leistungen erbracht, es fließen auch erhebliche Finanzströme. Allein die Oberösterreichische Gebietskrankenkasse verausgabt jährlich ca. 15 Milliarden Schilling. Als politischer Handlungsträger muß man sich hier die Frage stellen, welche volkswirtschaftlichen Einkommenswirkungen werden durch die Verteilung dieser Gelder bewirkt. Es besteht gerade in der Gesundheitsökonomie darüber Gewißheit, daß je ungleicher die Einkommen in einer Gesellschaft verteilt sind, desto ungleichere Gesundheitschancen die Menschen vorfinden. Beispielsweise ist in Großbritannien - aufgrund einer ganz bestimmten Sozial- und Gesundheitspolitik - die Lebenserwartung der untersten 20 Prozent der Einkommensbezieher auf einen Stand niedriger als jener der 50er-Jahre gesunken. Die Gestaltung des Sozial- und Gesundheitswesens hat einen wesentlichen Einfluß auf die Lebensverhältnisse der Menschen. Wieder wird klar, daß in das Zentrum der politischen Planung und Diskussion im Gesundheitswesen die Leistungsbezieher, Patienten oder Kunden zu rücken sind. Es ist outcome- bzw. output- und prozeßorientiert zu denken, das öffentliche Gesundheitswesen hat sich auf bestimmte Bevölkerungsgruppen zu konzentrieren und danach zu fragen, welchen Nutzen diese konkret aus den in das Gesundheitswesen investierten Ressourcen haben sollen.

Die vielleicht derzeit noch etwas provokante These muß heißen: Die Leistungserbringer haben eine dienende Funktion im System. Im Mittelpunkt des öffentlich gesteuerten Gesundheitswesens steht der Leistungsempfänger und Patient. Leistungserbringer in diesem Zusammenhang sind selbstverständlich nicht nur Ärzte, Apotheker und andere Medizinanbieter, sondern auch die soziale Krankenversicherung und alle anderen Institutionen und Organisationen, die sich mit der Zurverfügungstellung von Gesundheitsleistungen beschäftigen.

Dieses Umdenken, dieser Wechsel der Perspektive hat Auswirkungen auf die gesamte Organisation und alle Prozesse im Gesundheitswesen. Die Art und Weise, wie man mit den "Kunden" des öffentlichen Gesundheitswesens umgeht - die Servicequalität -, muß sich ändern.

Die Steuerung des Gesundheitswesens kann über Marktmechanismen bzw. über öffentliches Gesundheitsmanagement - egal ob als staatliches Gesundheitswesen oder als Sozialversicherungssystem konzipiert - geschehen.
Es gilt die - auch empirisch erwiesene - These, daß die Marktsteuerung allein im Gesundheitswesen

- zu negativen Effekten im Bereich "Zugang zu medizinischen Leistungen" und
- infolge dessen zu negativen Effekten, was die Verteilung von Lebens- und Gesundheitschancen der Menschen angeht, sowie zu
- negativen verteilungspolitischen Wirkungen und
- zu tendenziell höheren Ausgaben führt.

Die soziale Krankenversicherung wäre in einem solchen Marktsystem sehr rasch zu einem bloßen Kostenerstatter, zu einer "Arztkostenversicherung" reduziert. Die wichtigen Vereinbarungen über Leistungsinhalte, Konditionen der Leistungserbringung bzw. Preise für die medizinischen Leistungen etc. würden nicht mehr zwischen den Interessenvertretungen der Leistungsanbieter und der sozialen Krankenversicherung getroffen, sondern zwischen

Leistungserbringern (Ärzte, Apothekern, etc.) und Leistungsempfängern (Patienten).

Dies hätte sofort erhebliche finanzielle Belastungen für die Versicherten und Leistungsempfänger zur Folge. Das oben beschriebene Grundziel des "freien und gleichen Zuganges zu medizinischen Leistungen entsprechend der medizinischen Notwendigkeit" wäre klar verletzt.

Dennoch gibt es in Österreich erhebliche Bestrebungen und erheblichen Druck in Richtung Systemänderung: Vor allem die Ärzteschaft drängt in Österreich massiv und mit allen Mitteln darauf

- den Zuständigkeitsbereich der sozialen Krankenversicherung einzuschränken und
- jene Geschäftsbereiche, in denen die Patienten private (Zu-)Zahlungen leisten müssen, zu erweitern.

Die politischen Entscheidungsträger werden hier strategische Maßnahmen treffen müssen, um diese Entwicklungen abzustoppen und zu unterbinden.

Die hier skizzierte zielorientierte Handlungsweise in der Gesundheitspolitik braucht als Grundlage natürlich "Wissen und Transparenz", also ein mächtiges Informationssystem über Outcome, Outputs und Inputs im Gesundheitswesen. Dann erst kann man sinnvoll Ziele definieren, entsprechende Maßnahmen setzen und kontrollieren, ob die gesetzten Maßnahmen im Hinblick auf die erreichten Ziele effektiv und effizient waren oder nicht. Was den Aufbau eines solchen EDV-Informationssystems anlangt, ist die soziale Krankenversicherung auf dem richtigen Weg. Erste, zum Teil zur Sorge Anlaß gebende Analysen sind möglich. Beispielsweise haben wir erkennen müssen, daß dreiviertel der Psychopharmaka in Oberösterreich an Arbeiter und Arbeiterpensionisten sowie deren Angehörige verordnet werden. Hier haben gesellschaftliche Probleme ihre Auswirkungen offenbar im Gesundheitswesen.

Neben einem guten Informationssystem benötigt die soziale Krankenversicherung bessere, moderne Steuerungsinstrumente und Steuerungskompetenzen. Die soziale Krankenversicherung muß in die Lage versetzt werden, die gesundheitspolitischen Vorgaben effizient und effektiv umzusetzen.

5.4. Ausblick

Die soziale Krankenversicherung muß sich noch mehr als bisher als Anwalt der Versicherten und der Beitragszahler verstehen. Hier geht es darum, daß

- via Vertragspartner oder eigene Einrichtungen qualitativ hochwertige Leistungen angeboten werden,
- die Leistungsempfänger vor gesundheitsschädlichen bzw. gefährlichen Behandlungen geschützt werden,
- die Servicequalität, das heißt die Art und Weise, wie die Gesundheitsleistungen von den Systempartnern erbracht werden, wesentlich verbessert wird und
- die zur Verfügung gestellten Finanzmittel effizient und effektiv eingesetzt werden.

Das Gesagte gilt selbstverständlich auch für die soziale Krankenversicherung selbst. Wir - die Oberösterreichische Gebietskrankenkasse - haben beispielsweise derzeit einen Prozeß laufen, durch den unsere Servicequalität wesentlich verbessert werden soll. Wir haben in einer repräsentativen Umfrage unsere "Kunden" nach der Qualität unserer Dienstleistung befragt und wissen jetzt, bezogen auf jede einzelne Außenstelle, jede Chefarztstelle, jede medizinische Einrichtung (Ambulatorium oder Kuranstalt), welche Maßnahmen wir setzen müssen. Wir tun dies auch, weil wir wissen, daß wir von unseren Vertragspartnern nur ein Verhalten einfordern können, welches wir selbst "vorleben". Auch die Forderung an die Vertragspartner, sich bei definierter Qualität "ökonomisch" zu verhalten, kann nur dann mit Aussicht auf Erfolg vertreten werden, wenn man sich selbst betriebswirtschaftlich und ökonomisch korrekt verhält.

Zusammenfassend kommt es aus Sicht der OÖGKK

- zunächst auf die Definition und Fixierung der Grundziele im Gesundheitswesen,
- dann auf die Festlegung der Reformziele,
- weiters auf ein leistungsfähiges und aussagekräftiges Informationssystem,

- die entsprechenden Steuerungsinstrumente und Steuerungskompetenzen und
- nicht zuletzt auf eine engagierte und ehrliche Wahrnehmung der Interessen der Beitragszahler und Versicherten an.

6. Die Rolle der Krankenkassen bei der Reform des Gesundheitssystems

Bernard Braun

6.1. Dimensionen der Fragestellung

Viele Analysen über zukünftige gesundheitspolitische Reformen und die Rolle der Krankenkassen, scheitern nicht selten an der Verfahrenheit, Unübersichtlichkeit oder Komplexität der empirischen Ausgangssituation. Wird diese nicht erkannt, ausreichend beachtet und zu stark vereinfacht, droht, wie ein Blick auf die lange zwischen Reformeuphorie und Resignation schwankende Geschichte der Gesundheitsreformen in vielen europäischen Ländern zeigt, Frustration oder das Scheitern der inhaltlich stimmigsten Reformforderungen. Dies ist gerade dann besonders folgenreich und fatal, wenn es sich um auf „Gesundheit" orientierte Reformbeiträge handelt. Unsere Hinweise auf die nicht einfache Art der Ausgangssituation für Reformen frönen daher nicht einer Lust nach Kompliziertheit und gordischen Knoten, sondern beruhen auf langjährigen bitteren Erfahrungen mit Situationen, die sie u.a. der Nichtbeachtung der Ausgangsstrukturen und -dynamiken verdanken.

Da Gesundheitsreform unabhängig von ihren Protagonisten also offensichtlich Sisyphusarbeit als ein Selbstläufer ist, muß man ein Handlungsmuster, das immer wieder immer prächtigere und schwerere „Reform-Steine" den Berg hochzurollen versucht, endgültig verändern. Die Frage, welche Faktoren und Dimensionen vor und während neuer Reforminitiativen zu beachten sind, stellt einen wichtigen Ausgangspunkt dar. Nach der jahrzehntelangen bundesrepublikanischen Erfahrung mit mehreren gesundheitspolitischen Reformzyklen von der Problem- oder Bedarfsthematisierung, der Zielformulierung, der Operationalisierung des Ziels in Reformschritte bis zur realen Reform-Implementation deren Outcome und Bewertung, handelt es sich um drei inhaltliche Dimensionen, welche möglichst alle parallel berücksichtigt werden sollten:

1) Im Zentrum stehen natürlich konkrete gesundheitspolitische Reformvorstellungen.

2) Als zweites stellt sich nicht nur rhetorisch, also ohne schon feststehende Antwort die Frage, ob und in welchem Maße die Krankenkassen an zukünftigen Reformprozessen beteiligt sein sollten. Erst eine gründliche Handlungsfeld- oder vergleichende Akteursanalyse klärt nämlich das relative politische Gewicht der Krankenkassen in der Politikarena oder die aktuelle Notwendigkeit und Machbarkeit der Vernetzung und Kooperation der sich in der Gesundheitspolitik- und Reformarena befindlichen Handelnden. Je nach der Art und Intensität des Engagements der anderen Akteure im Gesundheitssystem entscheidet sich, ob, wie und in welchem Maße sich Krankenkassen gesundheitspolitisch engagieren müssen und können.

3) Last not least, aber am meisten und u.E. am folgenträchtigsten vernachlässigt, geht es darum, aktuelle Reformbedarfe auf dem mehrdimensionalen Hintergrund und historisch-genetisch als Ergebnis der vorhergehenden Reformzyklen zu betrachten und so neu zu bestimmen. Hier geht es z.B. um die erklärten eigenen Ansprüche der bisherigen Reformprojekte, die ihnen zugrundegelegten Wahrnehmungsmuster von Problemlagen, ihre Legitimationsmuster, Implementationsmodi und natürlich ihre konkreten Ergebnisse. Gerade wenn aktuelle Reformüberlegungen sich kritisch oder gar räsonierend gegen den Status quo (ante) wenden, muß genau geklärt werden, wie es denn argumentativ und realpolitisch zu ihm kam - vorausgesetzt natürlich, es handelt sich nicht um das direkt erkennbare Resultat repressiver, autoritärer oder einer Politik, die durch ein ganzes Set von sozialem Druck spezifische Interessen durchsetzt oder gar um reine „Luftschlösser". Viele der heutigen Ansatzpunkte für Reformen waren zur Zeit ihrer Implementation in der Bevölkerung hochakzeptiert und stellten mehr oder weniger lang Erfolge dar, und sind es in Teilen der öffentlichen Meinung auch immer noch. Um so wichtiger ist für Rufer nach einer „Reform der Reform(en)": Wer oder was und welche Triebkräfte trugen also mit welchen inhaltlichen Argumenten, Anreizen, sozialen Dynamiken und Akteur-Sets sowie Gestaltungsinstrumenten zum Status quo (ante) bei? Abgerundet werden muß dies durch eine Art Reformfolgen- oder -wirkungsforschung, die erwünschte aber auch unerwünschte oder unwünschbare Folgen und Wirkungen untersuchen sollte.

Wie wir darstellen werden, wirkt sich die Beachtung des dritten Aspektes unmittelbar auf die Vielschichtigkeit und Schwerpunktsetzung zukünftiger Reformprogramme aus, hat also einen eminenten praktischen Stellenwert.

An Ausgangsmaterial, um konkretisieren zu können, wie die Antworten auf die drei Problembereiche aussehen können und müssen, fehlt es in Deutschland nicht: Dort gab es seit 1977 drei „Großreformen" mit komplett neuen Gesetzen, die zusammen mit 43 Ergänzungs- und Ergänzungs-Ergänzungsgesetzen rd. 6.800 neue oder neuartige Normen produzierten. Die Normierungs- und Regulationsflut hat mittlerweile dazu geführt, daß selbst von den politischen Protagonisten nicht mehr jedes Mal von einem „Jahrhundertwerk" gesprochen wird, sondern die einzelnen Aktionen wegen ihrer immer kürzeren „Halbwertzeit" durchnumeriert werden. 1997 erfolgte die dritte Stufe der Gesundheitsreform und eine Nummer vier kann mit relativ geringem Begründungsaufwand nachgeschoben werden, wird und muß kommen!

6.1.1. Das Handlungspotential verschiedener gesundheitspolitischer Akteure

Die Frage nach der gesundheitspolitischen oder -reformerischen Rolle und Bedeutung von Krankenkassen hängt u.a. vom theoretischen und aktivierbaren Potential anderer Akteure in der Gesundheitspolitikarena ab.

Welche Position und welche reformpolitische Potenz haben also derzeit andere Akteure im Gesundheitswesen und hier besonders der Staat, die Patienten sowie Laien- oder Selbsthilfegruppen?

Der Status quo bzw. die Charakteristik der zentralstaatlichen Gesundheitspolitik in vielen Ländern Mitteleuropas ist auf dem Hintergrund einer geradezu apokalyptischen Beschwörung von Risiken der ökonomischen Globalisierung durch die Forderung nach einem gewichtigen finanziellen Beitrag des Gesundheitswesens zur Sicherung des Wirtschaftsstandortes geprägt. Das zentrale Interesse lautet, die Kosten des Arbeitskraftangebots (Stichwort: Lohnnebenkosten) zu senken, und zwar im wortwörtlichen Sinn, koste es was es wolle. Neben der Umwidmung oder Umfokussierung von Gesundheitspolitik in Standortsicherungspolitik wird in immer mehr Teilen des traditionell sozialen Gesundheitssystems eine stärkere Privatisierung zuvor gemeinschaftlich finanzierter und organisierter Probleme erprobt.

Der Staat fällt daher derzeitig als starker Initiator oder Akteur von Gesundheits-Reformen m.E. aus, bremst hier oder ist gar Gegner.
Wegen der gesellschaftlichen Bedeutung der Standortsicherung und der damit im Vordergrund stehenden gesamtgesellschaftlichen Interessen fällt auch ein zweiter Akteur als alleiniger oder bestimmender Regisseur aus, und zwar die Patienten, Selbsthilfegruppen etc. So wichtig die Berücksichtigung deren Wahrnehmungen und Perspektiven inhaltlich in Reformen ist, so schwach sind im genannten Spannungsfeld gerade die Kranken, die außerdem in der Regel noch zu den ärmeren und politisch durchsetzungschwächeren Bevölkerungsteilen gehören. Trotz Fortexistenz zahlreicher Selbsthilfe-Gruppen, mußten zumindest in Deutschland die früher hohen Erwartungen in eine Selbsthilfe-Bewegung oder in Patientenberatungsstellen ad acta gelegt werden.

Wenn unsere bisherige Analyse anderer potentieller Politik- und/oder Reformakteure stimmt, wächst allein schon durch sie die Bedeutung der Krankenkassen als weiterem intermediären, d.h. zwischen „der" Gesellschaft, „dem" Staat und den Leistungserbringern (z.B. Ärzten, Krankenhäusern, Pharmaindustrie) sowie den Versicherten und Patienten stehenden Akteur im Gesundheitswesen erheblich.
Dies unterstellt und setzt voraus, daß weder äußere z.B. gesetzliche noch innere organisationskulturelle Zwänge die Krankenkassen von einem gesundheitspolitischen Reformengagement abhalten oder sie dabei erheblich behindern und abbremsen.

6.2. Schwerpunkte eines gesundheitspolitischen Reformengagements von Krankenkassen

Die bisherigen Erfahrungen mit gesundheitspolitischen Reforminitiativen oder mit der Abwehr von Initiativen zum Um- oder Abbau wesentlicher

Elemente eines sozialen Gesundheitssystems zwingen zu einem mehrstufigen und mehrdimensionalen Herangehen. Vor die oder parallel zur Entwicklung und Realisierung gesundheitspolitischer Wunschlisten und Reformkataloge, ist es nach unserer Reformpolitik-Erfahrung unbedingt notwendig, sich mit den „Erfolgsbedingungen und -rezepten" des Status quo aktiv auseinanderzusetzen. Welche Argumente oder „Sachzwänge" haben z.B. seine Etablierung und Stützung als attraktiv und unausweichlich erscheinen lassen und machen ihn durchaus auch heute noch für eine Menge von Akteuren erträglich, wenn nicht gar optimal?

6.2.1. Die Beeinflussung ausgewählter „Erfolgsbedingungen" bisheriger Gesundheitspolitik als Voraussetzung für inhaltliche Reformpolitik der Krankenkassen

Zu den wichtigsten und wirksamen „Erfolgsbedingungen" der bisherigen Gesundheitspolitik, die zugleich auch zum Scheitern alternativer Reformansätze in der Vergangenheit beigetragen haben, gehören vorrangig eine Reihe „weicher" nicht-repressiver und ihren Interessenhintergrund geschickt verbergender Faktoren. Dazu zählen z.B.:

- Methoden der legitimatorischen Absicherung ihrer Inhalte und Formen durch sachzwangartige Mythen und Stereotype (z.B. Kostenexplosion, Leistungs-Mißbrauch),
- die geförderte oder billigend in Kauf genommene Uninformiertheit der Bevölkerung über wesentliche Inhalte der politischen Regulation des Gesundheitswesens sowie
- die zahlreichen „produzierten" oder hingenommenen Entöffentlichungsdynamiken im Bereich der Gesundheitspolitik.

Zugespitzt formuliert: Erst wenn man z.B. durch eine offensive Auseinandersetzung mit Mythen und Stereotypen die scheinbaren Sachzwänge der vielen letzten Gesundheitsgesetze erschüttern, d.h. wieder auf ihren politischen und ideologischen Kern zurückführen kann und dies in einem öffentlichen Diskurs unter einer höheren Beteiligung informierter politischer BürgerInnen zustandebringt, entstehen zukünftig mehr Wege oder politische Resonanzen für soziale Reformkonzepte.

Zur Existenz und empirischen Wirkung der genannten „Erfolgsbedingungen" möchte ich kurz einige konkrete Hinweise geben. (Vgl. ausführlicher BRAUN/KÜHN/REINERS 1998)

Die mittlerweile für Deutschland empirisch lückenlos als Märchen nachzuweisenden Behauptungen von einer auch in den letzten anderthalb Jahrzehnten bedrohlichen „Kostenexplosion" oder der akuten „Standortgefährdung durch Gesundheitsausgaben", haben es fast 20 Jahre geschafft, Gesundheitspolitik in Kostendämpfungspolitik umzuwidmen und den Verzicht auf oder das Vertagen von demgegenüber nachrangig erscheinenden Strukturveränderungen zu legitimieren. Daß es in Deutschland in den 90er Jahren dann doch noch andere Politikinhalte struktureller Qualität gab, lag u.a. daran, daß selbst das beste Märchen irgendwann mal ausgelaugt ist. Damit mit dem langsamen Absterben des Märchens von der Kostenexplosion kein vollständiger „Politikwechsel" bei der Gesundheitspolitik für notwendig gehalten und gar eingeleitet wird, rückt die „Geschwisterschar" des Mythos Kostenexplosion, wie etwa der von der demographischen Bedrohung oder der vom grassierenden Leistungs-"Mißbrauch" durch Versicherte und Ärzte auf breiter Front und u.U. noch wirksamer in die Gesundheitspolitikarena ein. Die negativen Wirkungen für eine zukünftige Reformpolitik unter Beteiligung der Krankenkassen halten damit in doppelter Hinsicht an: Der all diesen Mythen anhaftende oder angeheftete Anschein des natürlichen Sachzwangs, entpolitisiert die Problemsicht und den Handlungshorizont im Gesundheitswesen - was soll auch „Politik" gegen das „Älterwerden" und politische Formen der öffentlichen Debatte gegen „Naturprozesse" schon tun? Zusätzlich geht hinter den weltwirtschaftlichen Problembergen temporär oder dauerhaft der Bezug zu Gesundheit verloren und wird durch Ökonomie und ökonomisch-rationale Verhaltensanforderungen ersetzt.

Ein letztes Beispiel: Solange große Teile der Bevölkerung glauben, daß wachsende Selbstbeteiligungsbeträge oder Kostenerstattungsmodelle Anreize zu „mehr Eigenverantwortung" darstellen und Leistungs-"Mißbrauch" vermindern oder vermeiden helfen - also insgesamt etwas positiv Klingendes sind - und nicht den Einstieg in eine Privatisierung von gesundheitlichen

Risiken, was Verantwortlichkeit <u>und</u> Finanzierung anlangt, tut sich eine soziale Reformpolitik schwer.

Die zweite wichtige Voraussetzung für <u>Gesundheits</u>politik ist die Verbesserung des Informationsniveaus der Bevölkerung. Eine 1995 durchgeführte empirische Untersuchung zum Informationsstand der deutschen Bevölkerung über verschiedene Facetten des 1993 verabschiedeten Gesundheitsstrukturgesetzes zeigt, daß sich dieser von einem schon relativ niedrigen Niveau noch rapide verschlechterte, wenn es um wirksame Details des Gesetzes ging.

Abbildung 7: Informationsstand der deutschen Bevölkerung über das Gesundheitsstrukturgesetz 1993 im Jahr 1995 (MAGS 1995)

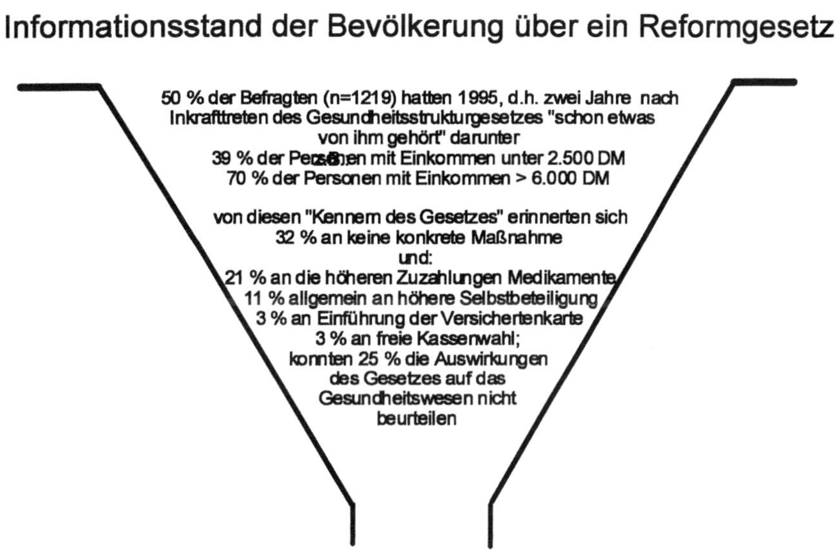

Dies achselzuckend als Beleg dafür hinzunehmen, zwar sei Gesundheit das Thema Nr. 1 aber Gesundheitspolitik eben eher ein „low interest"-Thema, riskiert vor allem das eigene Scheitern.

Für Krankenkassen ist es durchaus möglich, ihre Beratungs- und Aufklärungsangebote, zu denen sie zumindest in Deutschland sogar gesetzlich seit über 20 Jahren verpflichtet sind, auch darauf zu konzentrieren, diese Art fremd- oder selbstverschuldete Unkenntnis zu beseitigen. Dies wird nach praktischen Erfahrungen der wenigen Krankenkassen, die dies versuchen von ihren Mitgliedern akzeptiert und hat wahrscheinlich auch positive Wirkungen. An praktischen Möglichkeiten gibt es keinen Mangel. Dazu kann sogar explizit die Thematisierung von kritisierten „Gesundheits"reformen und eine Auseinandersetzung mit ihren sozialen Folgen, d.h. eine trotz der zahlreichen und folgenträchtigen Reformen sträflich vernachlässigte Reformfolgen-Berichterstattung gehören. Was und wie dies möglich ist, zeigt eine Untersuchung, die 1996 im Auftrag und in Kooperation mit einer bundesweiten Krankenkasse in Deutschland, der Gmünder Ersatzkasse (GEK), zur damals gesetzlich beschlossenen Kürzung von Lohnfortzahlung im Krankheitsfall und Krankengeld durchgeführt wurde. (Vgl. zur Methodik und den Ergebnissen MÜLLER u.a. 1997)

Die dabei angewandte Methode der schriftlich-postalischen Befragung der Versicherten bot die Möglichkeit der zusätzlichen Aufklärung der betroffenen, mehr als sechs Wochen arbeitsunfähigen Versicherten und stellte zugleich für deren Problemwahrnehmung ein öffentliches Artikulationsforum dar. Solange es von seiten des Staates oder des Gesetzgebers praktisch keine Erforschung der Wirkungen und Folgen ihrer immer umfangreicher werdenden politischen Interventionen und Regulationsversuche gibt, müssen und können Krankenkassen aus einem advokatorischen aber auch materiellem Eigeninteresse ihre relative Nähe zu den Versicherten für derartige Aktionen nutzen. Zusätzlich zu dem bereits erwähnten Nutzen könnte eine Folgentransparenz oder -bilanz u.U. auch einige kurzsichtige Interventionen vermeiden helfen, deren Sinnhaftigkeit bislang nur aus theoretischer Sicht bezweifelt worden ist (z.B. das soziale „Trostpflaster" der Härtefallregelungen).

Solche Aktionen müssen dann aber durch Versuche begleitet und ergänzt werden, die Existenz und Ergebnisse des recht klandestinen Handlungsalltags fast aller Gesundheitspolitikakteure, also auch teilweise der Krankenkassen bekannt zu machen. Es gibt z.B. in Deutschland die ordnungspolitisch und für den Alltag der gesundheitlichen Leistungen des Gesundheitswesens zentrale Einrichtung des „Bundesausschusses Ärzte/Krankenkassen".

Dort sitzen die genannten Parteien in Form einer „gemeinsamen Selbstverwaltung" zusammen und verhandeln auf der allgemeinen gesetzlichen Grundlage über die Art, Qualität und den Umfang der Krankenversorgung. Da weder die Existenz dieser Einrichtung, die personelle Zusammensetzung noch der inhaltliche Prozeß der Verhandlungen mehr als einem extrem kleinen Kreis gesundheitspolitischer Akteure bekannt ist, kommt ihr durchaus eine Art „Geheimlogen"status zu - ohne daß es irgendein sachliches Argument für den Nutzen dieser Geheimnistuerei gäbe. Bisher beteiligen sich leider auch die deutschen Krankenkassen aktiv oder wenigstens passiv an diesem „Verbergen" eines von ihnen mitbestimmten Handlungsfeldes.

Daß gewisse Varianten des Korporatismus und ihn begleitende „Entöffentlichung"prozesse nicht nur demokratie- oder partizipationstheoretisch problematisch sind, sondern auch die gesellschaftliche Wertschätzung, Alltagswahrnehmung und Durchsetzungsfähigkeit der Krankenkassen einschränken können, kann praktisch belegt werden.

In einer repräsentativen Befragung von über 6.000 Bremer BürgerInnen aus dem Jahre 1993 wurden die Krankenversicherten auch nach der Wahrnehmung und Einschätzung der Krankenkassen bei spezifischen gesundheitlichen Problemlagen gefragt. Von den Befragten, die vorher bereits Kontakt mit ihrer Krankenkasse hatten, nahmen bis zu 80 % deren Informations- und Beratungsqualität außerordentlich positiv wahr, fanden sie z.B. als nicht abweisend, modern, gut informiert, hilfsbereit und persönlich. Dieser gewaltige Bonus für diesen Teil des Tätigkeitsspektrums wird allerdings durch die wenig bekannte Existenz und dadurch (!) insgesamt zurückhaltende Inanspruchnahme ihrer beratenden und informierenden Leistungen getrübt.

Auf die Frage, an wen sie sich bei einer Reihe vorgegebener Gesunds- und Versorgungsproblemen wenden würden, fiel allen Befragten fast durchwegs ihre Krankenkasse nur relativ selten und dann nur sehr schwach ein. 1,1 % waren es bei Befürchtungen über negative Nebenwirkungen eines Medikaments, 0,5 % beim Verdacht, eine nahestehende Person ruiniere sich durch Alkohol, 10,4 % beim Verdacht eines Operationsfehlers und maximal 18,2 %, wenn die Pflege eines schwerkranken Elternteils über den Kopf zu wachsen drohte. (MARSTEDT/LAST/WAHL/MÜLLER 1993, S.199)

Diese Unter-Wahrnehmung der Kompetenzen von Krankenkassen und das damit verbundene Nichtzustandekommen einer sachbezogenen Bindung, wird spätestens dann kritisch, wenn eine auf die Delegitimation der bestehenden sozialstaatlichen Gesundheitspolitik und ihrer Institutionen gerichtete Politik es in der Folge nur noch mit gesellschaftlich gering verwurzelten, d.h. für die gesundheitliche Lebensqualität der Bevölkerung als unabkömmlich erachteten Krankenkassen zu tun hat.

6.2.2. Derzeitige inhaltliche Schwerpunkte einer Gesundheitsreformpolitik der Krankenkassen

Nachdem ich mehrfach die Erfahrung gemacht habe, daß ab diesem Punkt der Beschäftigung mit Reformpolitik, und dies aus sicherlich verständlichen Gründen, dem nüchternen und unzulänglichen Alltag immer wieder lange und möglichst lückenlose Wunschlisten entgegengestellt und in regelmäßigen Abständen wegen ihrer deprimierenden Folgenlosigkeit „beweint", erneuert und meist erneut verlängert werden, schlage ich auch für die inhaltliche Profilierung der Krankenkassen-Reformpolitik das bereits angewandte komparative Verfahren als Methode der Prioritätensetzung vor.

Danach sind also, ob allein oder in Kooperation mit anderen Akteuren, diejenigen Themenbereiche und Maßnahmen vorrangig anzugehen, für welche sie im Vergleich zu anderen Institutionen und Akteuren im Gesundheitsreformprozeß über objektiv oder subjektiv einzigartige oder hervorgehobene Bedingungen, Möglichkeiten und Fähigkeiten verfügen, soziale und gesundheitliche Risiken und Bewältigungschancen zu identifizieren, zu thematisieren, im Zeitverlauf zu beschreiben, zu gestalten und schließlich auch zu lösen. Die folgenden Vorschläge für Reformschwerpunkte verzichten also bewußt auf eine Reihe von ohne Zweifel objektiv richtigen und wichtigen Reformziele und stellen statt dessen die Ziele und Bereiche in den Vordergrund, bei denen Krankenkassen ausschließlich oder überwiegend von der Initiative bis zur Umsetzung „auf eigenen Füßen" stehen können oder ohne sie gar nichts zu bewegen ist.

Zu den herausgehobenen Bedingungen und Möglichkeiten der Krankenkassen innerhalb der Akteure im Gesundheitswesen zählt z.B. die relative zeitliche Kontinuität der Beziehungen zu ihren Versicherten im Lebensverlauf - auch wenn dies sich durch die Möglichkeiten des Kassenwechsels in Zukunft verändern wird. Die Beziehungen und Kontakte zwischen Versicherten und Krankenkassen sind anders als dies z.B. für Ärzte oder andere Leistungsanbieter gilt, leistungsart- und einzelanbieterübergreifender Art und nicht nur an einzelne Anlässe oder Anlaßperioden gebunden. Selbst wenn einzelne Krankenkassen(arten) keinen vollkommenen Bevölkerungsbezug herstellen können, haben sie dennoch vergleichsweise große und unaufwendige Möglichkeiten, die relative Bedeutung von gesundheitlichen Phänomenen erkennen zu können. Ferner besitzen die Krankenkassen einen relativ unaufwendigen und akzeptierten Zugang zu ihren Versicherten, den sie für kommunikative, evaluative oder explorative Zwecke ohne großen Begründungsaufwand nutzen können. Schließlich sind Krankenkassen als Körperschaften öffentlichen Rechts und Beteiligte an vielen korporatistischen Beratungs- und Entscheidungsgremien auch „geborene" soziale und politische Institutionen, die ihre „Einmischung" in Politik nicht mehr gesondert oder aufwendig legitimieren müssen.

Um nicht mißverstanden zu werden: Die Entdeckung und Nutzung dieses Potentials der Krankenkassen schließt <u>nicht</u> die Notwendigkeit aus, daß der Staat neue und andere Rahmenbedingungen schaffen und langfristig „Richtungswechsel" einleiten muß. Kurz- und mittelfristig können Krankenkassen aber schon mit vorhandenen eigenen Mitteln neue Richtungen, Gangarten und Effekte einschlagen und realisieren.

Die Möglichkeiten und damit die Bedeutung der Krankenkassen für Reformen des Gesundheitssystems möchte ich jetzt an zwei umfangreichen Themenbereichen exemplarisch verdeutlichen, für welche die gerade vorgestellten Kriterien gelten:

1) Der Beitrag der Krankenkassen zu einer qualitativ hochwertigen und nachhaltigen Berichterstattung über den Umfang und die Ursachen gesundheitlicher Risiken sowie über den Umfang wie die Qualität der Versorgung von Kranken und damit ihr Beitrag zu einer <u>bedarfs</u>orientierten und leistungsgestaltenden Gesundheitspolitik. Hierzu gehören neben dem wichtigen Stand der wissenschaftlichen Behandlungserkenntnisse

vor allem die Wahrnehmungen und artikulierten Bedarfe von Patienten in Problembeschreibungen und Entscheidungsprozesse einzubeziehen. Die Krankenkassen haben objektiv die Funktion eines „kollektiven Gedächtnisses" für diesen gesellschaftlichen Teilbereich.

2) Der eigene Beitrag der Krankenkassen zur Verbesserung der Prozeßqualität, des Beitrags zur Lebensqualität und Wirtschaftlichkeit der Versorgung chronisch kranker Personen, was z.B. durch Methoden des case- oder Fall-Managements in Kooperation mit Leistungsanbietern erfolgen kann.

Für den ersten Schwerpunkt möchte ich ein Beispiel für die Durchführbarkeit, Aussagekraft und Umsetzbarkeit der Ergebnisse einer patientenzentrierten Versorgungs-Berichterstattung vorstellen.

Vorab zum Verständnis der Wichtigkeit von Patientenorientierung in diesem Zusammenhang einige Hinweise. Für verschiedene Behandlungsarten und -formen haben empirische Studien immer wieder gezeigt, daß ExpertInnen, ohne daß ihnen dies moralisch vorgeworfen werden kann, den Bedarf von Patienten nicht richtig erkennen oder auch die Notwendigkeit, Angemessenheit und den Erfolg ihrer Interventionen nicht richtig oder nur verzerrt bewerten können. Die jüngsten veröffentlichten Ergebnisse einer an der Universität Göttingen durchgeführten Analyse von primärärztlichen Patientenkontakten und ihre Wahrnehmung durch Patienten wie Ärzte zeigt beispielsweise eine beträchtliche Fehlwahrnehmung der Patientenerwartungen und -Zufriedenheit durch die Ärzte. So wurden nur rund zwei Drittel der Beratungserwartungen der Patienten durch die Ärzte richtig erkannt. 59 % der Patientenerwartungen nach Arzneimittelverordnungen erreichten die Ärzte gar nicht. Entsprechend hielten viele Ärzte Patienten für hoch zufrieden, die es aber nach eigenen Angaben in keiner Weise waren. (Zit. nach FR 12.4.1998)

Wie die nachstehend beschriebene in Kooperation mit einer Krankenkasse durchgeführte wissenschaftliche Studie über die Einleitung, Durchführung und Folgen elektiver Operationen plastisch zeigt, können Krankenkassen selber durch Analyse bereits vorhandener eigener Daten und den Einsatz zusätzlicher Methoden wie vor allem gezielte Patientenbefragungen die Transparenz über Fehlwahrnehmungen der ExpertInnen und evtl. nicht bedarfsgerechte und überwiegend lebensqualitätbelastende Behandlungen und Behandlungsergebnisse erhöhen. Durch öffentliche sozialmedizinische Diskurse und letztlich in Verträgen, die auf diese Erkenntnisse aufbauen, kann damit viel zur Verbesserung der Prozeß- und Ergebnisqualität von Behandlungen beigetragen werden.

Abbildung 8: Patientenorientierte Outcome-Forschung in Kooperation mit Krankenkassen am Beispiel elektiver Operationen (BITZER / DÖRNING / SCHWARTZ 1995)

	Krampfadern der unteren Extremitäten (ICD 454)	**Nasenscheidewandverbiegung (ICD 470)**	**innere Kniegelenksschädigung//Luxation des Knies (ICD 717 und ICD 836)**
ohne präoperative Behandlung	32,5 %	40 %	40 %
mit postoperativen Komplikationen	49,1 %	29,9 %	39,6 %
Anteil der Personen mit 100 %-iger Verbesserung	29,7 %	10,6 %	24,1 %
Anteil der Personen ohne jegliche Verbesserung	2,8 %	7,9 %	5,3 %
Zufriedenheit mit Operationsergebnis (Nennungen „eingeschränkt zufrieden" und „unzufrieden")	57,4 %	45,2 %	51,2 %

Aus der Unmenge von Ansatzpunkten für eine Qualitätsdiskussion und verbesserungsbedürftige Zustände derartiger Studien möchte ich zwei hervorheben:

- Der zwar indikationsspezifisch schwankende, aber letztlich überall hohe Anteil von nicht unbedingt problemlosen operativen Eingriffen ohne präoperative Behandlung muß hinterfragt und der Anteil u.U. durch Qualitäts-Leitlinien reduziert werden.

- Der nach Indikationen unterschiedliche aber insgesamt nicht geringe Anteil postoperativer Komplikationen und Unzufriedenheiten sollte dringender Anlaß für weitere Untersuchungen der Prozeßqualität sein.

Ähnliche Studien können und müssen ohne weiteres dort gemacht werden, wo bereits einzelne Studien aus unterschiedlichen Gesundheitssystemen und zu unterschiedlichen Zeitpunkten Hinweise auf erhebliche Defizite bei der Prozeß- und Ergebnisqualität ergeben haben, ohne über rationale Gründe und Ursachen bisher genügend Anhaltspunkte zur Verfügung gestellt zu haben. Die Notwendigkeit mit allen Mitteln mehr Transparenz zu schaffen ist dort besonders dringend, wo teils jahrzehntelang analytisch abgesicherten und wirksamen Diagnose- und Therapiestandards eine weit suboptimale Versorgungswirklichkeit gegenübersteht. Will man nicht unterstellen, daß es Akteure gibt, die wider besseres Wissen (be-)handeln, bedarf es einer eigenständigen Analyse zu den Mechanismen, welche diese Diskrepanzen zwischen Standards und Alltag bedingen und fördern.

Beispielsweise sei hier auf derartige Diskrepanzen im Bereich der Behandlung zweier weitverbreiteter Erkrankungen hingewiesen: Verschiedene Studien dokumentieren, daß es u.a. in Deutschland immer noch knapp über sieben Jahre dauert, bis Patienten mit psychiatrischen Erkrankungen eine adäquate und im Prinzip bekannte Therapie erhalten. Bis dahin sind sie Opfer einer hochtourigen „Drehtür"-Diagnostik und Pseudotherapie. Bei der Behandlung von Menschen mit Diabetes Mellitus Typ II sind ohne die Ausgaben für die teilweise vermeidbaren Folgekrankheiten jährliche Pro-Kopf-Einsparungen in Höhe von DM 15.000 (statt 17.000 DM bei schlecht eingestellten nur noch 2.000 DM für gut eingestellte DiabetikerInnen) möglich. Zu den dramatischsten Folgekrankheiten des Diabetes Mellitus gehören Erkrankungen der Füße, die mit seit Jahren steigender Tendenz in Deutschland 1996 zu 28.000 Amputationen führten. Davon sind nach internationalen Vergleichszahlen 80 % durch einfachste ärztliche Kontrollen vermeidbar. Ähnliche quantitative Dimensionen von Leid und Ausgaben liegen bei anderen Folgeerkrankungen wie chronisch geschädigten Nieren (Dialyse) oder Erblindungen vor. (Alle Angaben nach: SPIEGEL 33/1997, S. 138ff.)

Der Sozialmediziner Hans-Heinrich Raspe hat 1997 für eine Reihe weiterer verbreiteter chronischer Erkrankungsbilder bzw. für die daran Erkrankten den schlechten Versorgungsalltag so charakterisiert: „Nur eine Minderheit der Diabetiker, Rheumatiker oder Lungenkranken erfährt heute die Behandlung, die Fachleute als Minimum für notwendig halten." (SZ 25./26. Oktober 1997, S.8)

Beim zweiten Refomschwerpunkt für Krankenkassen möchte ich bezüglich des Problemdrucks an folgendes erinnern: Die epidemiologisch immer wieder belegte Veränderung des Krankheitsartenspektrums, d.h. der relativen Zunahme und Dominanz chronisch-degenerativer oder langwieriger Erkrankungen mit psycho-sozialem Hintergrund, hat noch nicht oder nicht ausreichend zu Veränderungen und Anpassungen der Versorgungsstrukturen und -angebote geführt. Dies erhöht die gesundheitliche Folgebelastung der Erkrankten und die Kosten ihrer Behandlung erheblich.

Die bereits bekannten Versorgungs"irrwege" oder die irreversiblen Folgeschädigungen von Patienten durch fundamentale Mängel der Prozeßqualität bestätigen dies schon teilweise. Das dadurch gewonnene Bild kann durch ein weiteres Beispiel zur Versorgung des akuten Myocardinfarkts nur noch angereichert werden. Mehrere Studien über die Bedarfsgerechtigkeit der Versorgung von HerzinfarktpatientInnen (BADURA u.a. 1987) förderten erhebliche Diskrepanzen zwischen den plausiblen Erwartungen und alltagsbezogenen Bedarfen der Patienten und den Beratungsleistungen der ärztlich-medizinischen Akteure im Akutkrankenhaus und ambulanter Praxis zutage. Angesichts erheblicher Steuerungsdefizite von Krankenkassen und Rentenversicherungsträgern bei der Nahtlosigkeit rehabilitativer Leistungen oder der Beratung über Frühberentung sprechen die Autoren neben den Effekten ärztlicher Qualitätsdefizite von einem „sozialbürokratischen Risikofaktor".

Konkret: Der Tatsache, daß es bei diesen Erkrankungen um langjährige, ja lebenslängliche Versorgungsprozesse geht, an denen neben einer Vielzahl von medizinisch-ärztlichen auch nichtmedizinisch-nichtärztliche Experten beteiligt sind, wird noch zu wenig Rechnung getragen. Dies gilt auch für den Bedarf, daß neben die und ergänzend zur Kuration oder sogar anstelle ihres vergeblichen Heilungsversprechens, Rehabilitation, Pflege, lebensweltliche Beratung und Stärkung für die Nutzung der sozialen Ressourcen des Laiensystems treten müssen.

Je bedarfsgerechter, d.h. ereignisnaher, nahtloser, abgestimmter und ohne lange Suchprozesse erreichbar eine solche Versorgungs"kette" existiert, bekannt wird und in Anspruch genommen werden kann, desto wirkungsvoller, lebensqualitätssichernder und letztlich kostengünstiger ist die Versorgung.

Daß dies nicht allein ein Problem oder die Aufgabe von Ärzten ist, haben Krankenkassen zwar schon länger erkannt und auch organisatorische Modelle entwickelt. Der soziale Dienst der Krankenkassen als ein konkreter Ansatz existierte aber Ende der 80er Jahre trotz über 15 Jahre Entwicklungszeit nur in 18 % der deutschen Krankenkassen. (STANGE 1994, S. 86 ff oder S. 209 ff.)

Neu sind nun Überlegungen, wichtige gesundheitliche Probleme durch ein Fall- oder case-Management von Ärzten und Krankenkassen besser bewältigen zu können. Die „fallbezogene Koordination und Steuerung des Versorgungsablaufs" (MEIERJÜRGEN 1997) insbesondere von chronischen Erkrankungen, so eine der Umschreibung von case-Management, erfüllt drei zentrale Funktionen: Eine anwaltschaftliche qualitätsorientierte Schutzfunktion zur Vertretung von Patienteninteressen (advocacy-Funktion), die Vermittlung von bedarfsgerechten Leistungen (Broker-Funktion) und die Steuerung eines bedarfsnahen wie zeitsparenden Zugangs zu diesen Leistungen und eines effizienten Mitteleinsatzes (Gate-Keeper-Funktion). Wichtig ist es, daß alle Funktionen gleichzeitig Beachtung finden und sich nicht einzelne innerhalb sequentieller Abarbeitungsprozesse prioritär verselbständigen und dominant werden. Die Forderung nach Gleichzeitigkeit und Parallelität soll aber nicht darüber hinwegtäuschen, daß die Funktionen untereinander in Widerspruch geraten können bzw. eine sich zu Lasten der anderen „breitmachen" könnte. Dies gilt insbesondere für die Aufgabe der Krankenkassen, einen effizienten Mitteleinsatz zu verfolgen, die leicht z.B. zur Forderung nach einer Limitierung von Broker-Tätigkeit führen kann.

Management umfaßt aber nicht nur Beratung, sondern auch die vertragliche Aushandlung und Sicherung gewisser Qualitätsstandards z.B. für die Versorgung von Diabetes-Patienten.

Als Zusammenfassung unserer Erfahrungen und unserer systematischen Erwägungen über die Rolle der Krankenkassen in Gesundheitsreformprozessen läßt sich also festhalten, daß Krankenkassen mehr denn je reformpolitisch aktiv werden müssen, daß und welche reformverhindernden und -blockierenden Argumente und ideologischen Bollwerke sie dabei eigenständig beiseite räumen müssen, wo ein vorrangiger Handlungsbedarf für sie besteht und wo Beispiele zeigen, womit auch kurzfristig reformorientierte Fortschritte des Status quo erreichbar sind.

Literatur:

MAGS (Ministerium für Arbeit, Gesundheit und Soziales des Landes Nordrhein-Westfalen) (Hrsg.): GKV 2000 Einstellungen zu Reformplänen der gesetzlichen Krankenversicherung, Düsseldorf 1995

E.M. BITZER und H. DÖRNING und F.W. SCHWARTZ: Outcome elektiver chirurgischer Leistungen in der stationären Versorgung - retrospektive indikationsbezogene Patientenbefragung, Hannover 1995

Bernard BRAUN und Hagen KÜHN und Hartmut REINERS: Das Märchen von der Kostenexplosion. Populäre Irrtümer zur Gesundheitspolitik, Frankfurt/Main 1998

Rainer MÜLLER und Dieter HEBEL und Renate BECK und Bernard BRAUN und Uwe HELMERT und Gerd MARSTEDT und Hardy MÜLLER: Auswirkungen von Krankengeldkürzungen. Ergebnisse einer Befragung von GKV-Mitgliedern, Ludwigsburg 1997

Gerd MARSTEDT und Reinhard LAST und Wulf-Bodo WAHL und Rainer MÜLLER: Gesundheit und Lebensqualität, Bremen 1993

FRANKFURTER RUNDSCHAU (FR): Medizinstudie. Patienten werden oft falsch eingeschätzt, 12.4.1998

DER SPIEGEL: „Hundsmäßig eingestellt", Heft 33 1997, S. 138ff.

SÜDDEUTSCHE ZEITUNG (SZ): 25./26. Oktober 1997

Rüdiger MEIERJÜRGEN: Case Management und Reha-Beratung, in: Arbeit und Sozialpolitik, Heft 7/8 (1997), S. 17 - 24

Bernhard BADURA u.a.: Patientenorientierung in der Rehabilitation von Herzinfarktpatienten, in: Forschungsverbund Laienpotential, Patientenaktivierung und Gesundheitsselbsthilfe (Hrsg.): Gesundheitsselbsthilfe und professionelle Dienstleistungen, Berlin, Heidelberg u.a. 1987, S.131 - 142

Karl-Heinz STANGE: Soziale Dienste Gesetzlicher Krankenkassen, Bremerhaven 1994

Workshop

Leistungsorientierte Krankenhausfinanzierung: Eine Zwischenbilanz

Referenten:

Harald Gaugg
Heinrich Tinhofer

Chair: Karl Pfeiffer

7. Leistungsorientierte Krankenanstalten-finanzierung: Eine Zwischenbilanz

Harald Gaugg

Eine Zwischenbilanz kann nur in bezug zu den Zielen der leistungsorientierten Krankenanstaltenfinanzierung (LKF) erstellt werden. Diese sind u.a.:

- Vom Finanzierungssystem müssen starke Anreize zur Sparsamkeit und zu wirtschaftlichem Verhalten der Krankenanstaltenträger bzw. der Krankenhausbetriebsführung ausgehen.

- Das Finanzierungssystem muß in seiner Ausgestaltung einfach und transparent sein.

- Das Finanzierungssystem muß als Steuerungssystem die Möglichkeit bieten, die Strukturen und das Leistungsangebot zu beeinflussen.

7.1. Belagsdauerentwicklung

Um eine vernünftige Aussage über die Belagsdauerentwicklung treffen zu können, werden nur die Fälle zwischen 1 und 28 Tagen berücksichtigt. Dies deshalb, um durch die LangzeitpatientInnen und durch die Problematik Ambulanz/Null-TagespatientInnen Verfälschungen auszuschließen.

Die Belagsdauer hat seit 1994 kontinuierlich abgenommen, wobei im Jahr 1997 mit der Einführung des LKF-Systems ein stärkerer Rückgang eingetreten ist (1997: 6,7 Tage).
Ein Bundesländervergleich zeigt, daß der Rückgang der Belagsdauer in Bundesländern mit hoher Belagsdauer am stärksten war.

7.2. Aufnahme und Entlassung

Das Aufnahme- und Entlassungsverhalten hat sich durch das LKF verändert. Die Freitagsentlassungen haben 1997 zugenommen, was darauf hindeutet, daß ein nicht notwendiger Aufenthalt über das Wochenende auch tatsächlich bereits am Freitag beendet wird.

7.3. Fallzahlen versus Belagsdauer

Die Fallzahlen sind von 1996 auf 1997 deutlich angestiegen. Gleichzeitig ist eine überproportionale Reduktion der durchschnittlichen Belagsdauer festzustellen. Daraus ergibt sich trotz steigender Fallzahlen ein Absinken der Belagstage.

7.4. Entwicklung der Krankenhauskostensteigerungen

Die Krankenhauskostensteigerungen sind in den Jahren 1993 bis 1997 dramatisch zurückgegangen. Hat die Steigerung 1993 noch beinahe 10 % betragen, so liegt die Schätzung für 1997 nur mehr bei 2 %.

Insgesamt kann man ein besseres wirtschaftliches Verhalten der Krankenanstalten ohne Beeinträchtigung der Qualität der Behandlung feststellen. Durch die verbesserte Dokumentation in fast allen Bereichen wurde auch eine wesentlich höhere Transparenz über das Leistungsgeschehen erreicht. Dadurch wird eine gezielte Leistungsangebotsplanung ermöglicht. Aufgrund der gewonnenen Erkenntnisse sind die Strukturen und das Leistungsangebot so zu verändern, daß eine qualitativ hochwertige Behandlung der Patienten unter wirtschaftlichen Bedingungen gewährleistet ist.

Abbildung 9: Entwicklung der durchschnittlichen Belagsdauer (Aufenthalte zw. 1 und 28 Tagen 1994 - 1997)

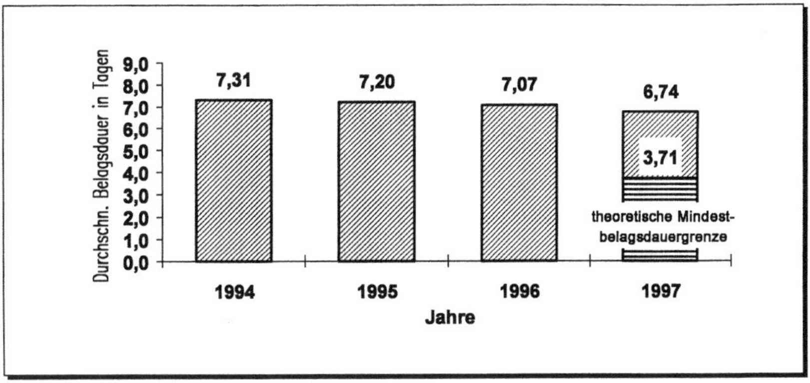

BMAGS/Gruppe VII/A

Abbildung 10: Belagsdauerentwicklung 1996 - 1997 je Bundesland (Aufenthalte zw. 1 und 28 Tagen 1996 - 1997)

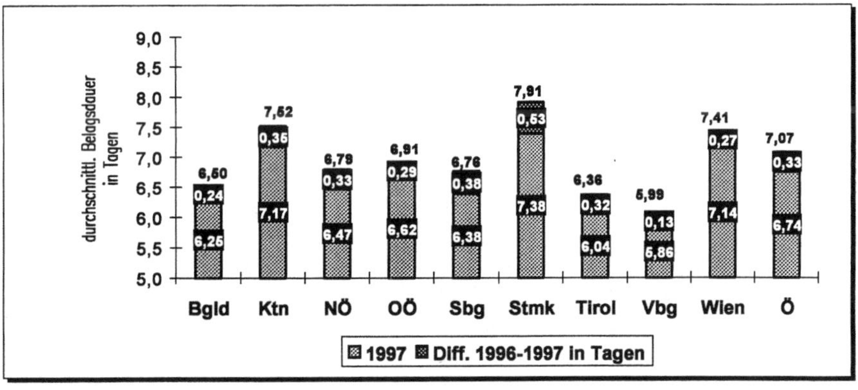

BMAGS/Gruppe VII/A

Abbildung 11: Verteilung der Krankenhausaufenthalte nach Belagsdauergruppen (1997)

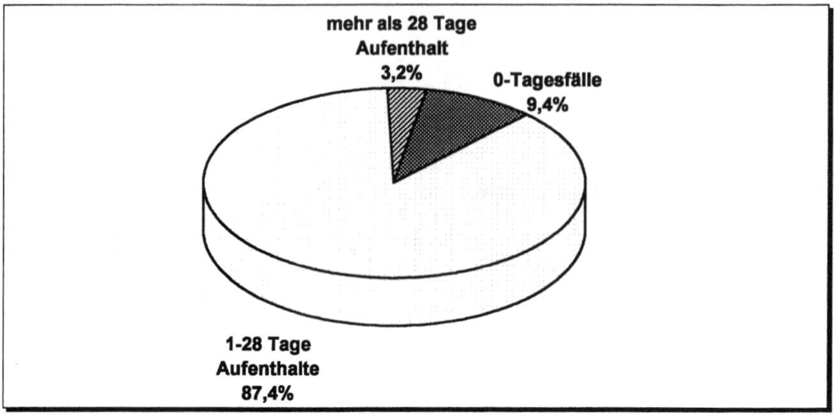

BMAGS/Gruppe VII/A

Abbildung 12: Anteile der 0-Tagespatienten an Gesamtaufenthalten 1994 - 1997

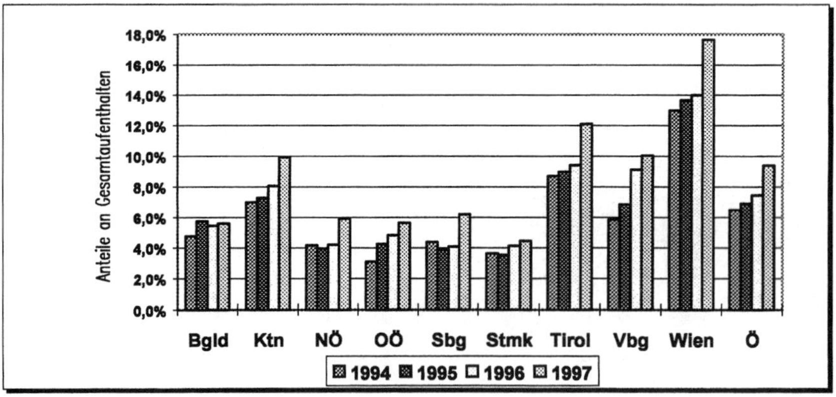

BMAGS/Gruppe VII/A

Abbildung 13: Aufnahmen nach Wochentagen 1996 und 1997 (Aufenthalte zw. 1 und 28 Tagen)

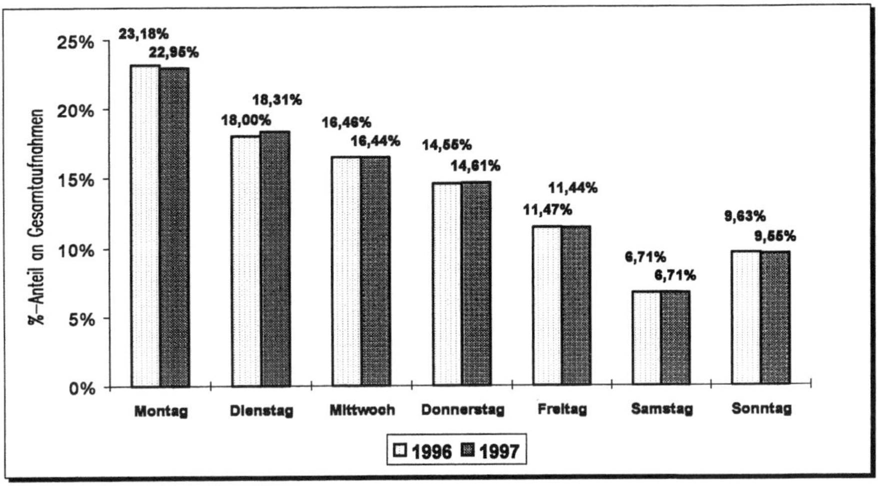

BMAGS/Gruppe VII/A

Abbildung 14: Entlassungen nach Wochentagen 1996 und 1997 (Aufenthalte zw. 1 und 28 Tagen)

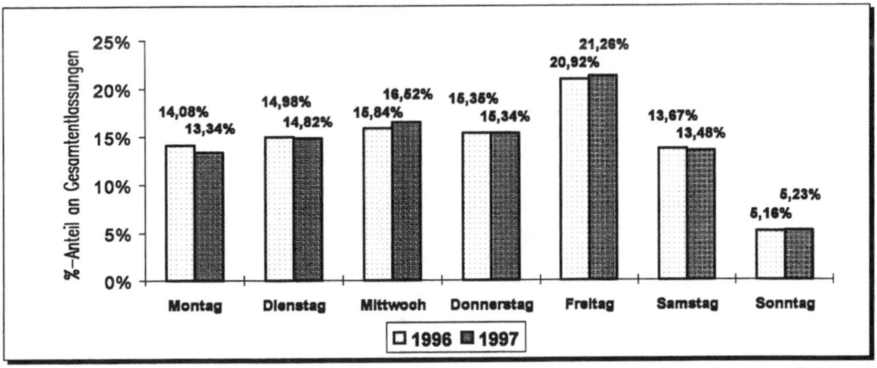

BMAGS/Gruppe VII/A

Abbildung 15: Trends von Kennzahlen im stationären Bereich (Basis=1994) (Aufenthalte zw. 1 und 28 Tagen 1994 - 1997)

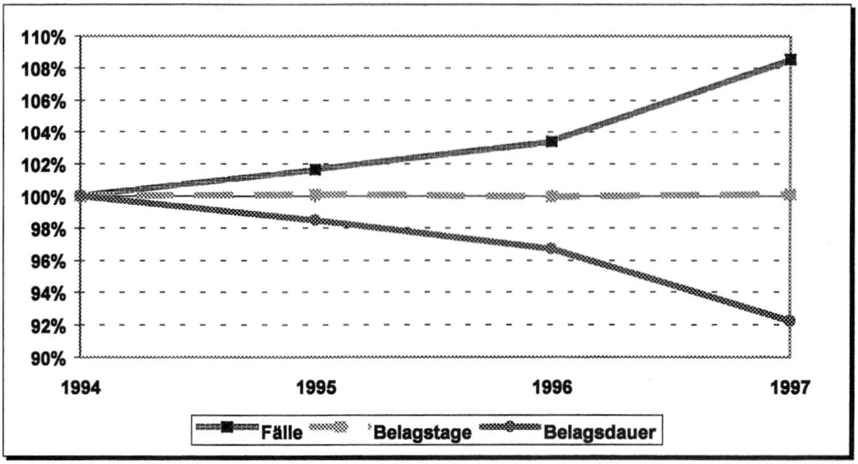

BMAGS/Gruppe VII/A

Abbildung 16: Entwicklung der Krankenhaus-Kostensteigerungen (1993 - 1997)

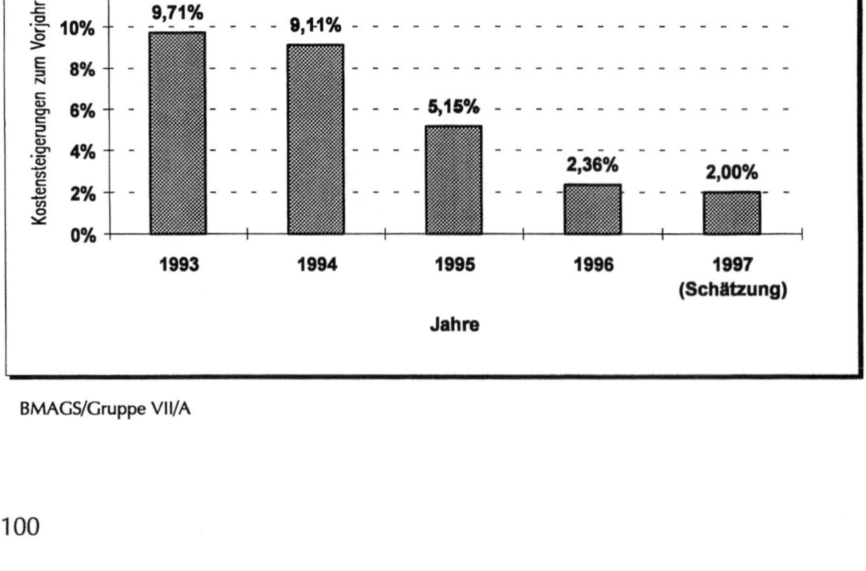

BMAGS/Gruppe VII/A

8. Leistungsorientierte Krankenhausfinanzierung: Eine Zwischenbilanz

Heinrich Tinhofer

Kurzfassung:

Das Gesundheitswesen gilt wegen seiner besonderen Spezifika als atypischer Markt. Über den Regulierungsbedarf dieses Marktes herrscht insbesondere wegen der Schutzbedürftigkeit der Patienten grundsätzlicher gesellschaftlicher Konsens.

Wegen seines Kostenvolumens und wegen der Kostendynamik kommt dem Spitalsbereich besondere Bedeutung zu. Das gegenständliche Impulsreferat befaßt sich mit dem Zielspektrum des Gesundheitswesens, den Grundprinzipien der Steuerung und einer Grobanalyse des Spitalsbereiches.

Die wesentlichen Steuerungskriterien der Art. 15a B-VG Vereinbarung werden dargestellt, dem Zielspektrum gegenübergestellt und der noch verbleibende Handlungs- sprich Steuerungsbedarf wird vermittelt.
Weiters werden die jetzt schon ablesbaren Ergebnisse der Spitalsreform an Hand der Halbjahresdaten 1997 dargestellt.

Der letzte Teil des Referates beschäftigt sich mit Managed Care, jener Steuerungsform, die ausgehend von den USA, Krankenbehandlung in weitgehend unregulierten Märkten „managed". Es wird auf jene Aspekte verwiesen, die in Europa von Managed Care übernommen werden könnten.
Auf Maßnahmen in der österreichischen Sozialversicherung zur Schaffung entsprechender Informationssysteme wird hingewiesen.

Die Frage der Steuerung und Steuerbarkeit des Gesundheitssystems läßt sich anschaulich erläutern, wenn man von den einzelnen Versorgungsbereichen ausgeht, diesen die Finanzierungs-, Management-, Informations- und Qualitätssicherungserfordernisse usw. gegenüberstellt und für diese Aktionsfelder Ziele definiert, den Iststand und die Ressourcenlage erhebt (Abbildung 17).

Abbildung 17: Aktionsfelder des Gesundheitssystems

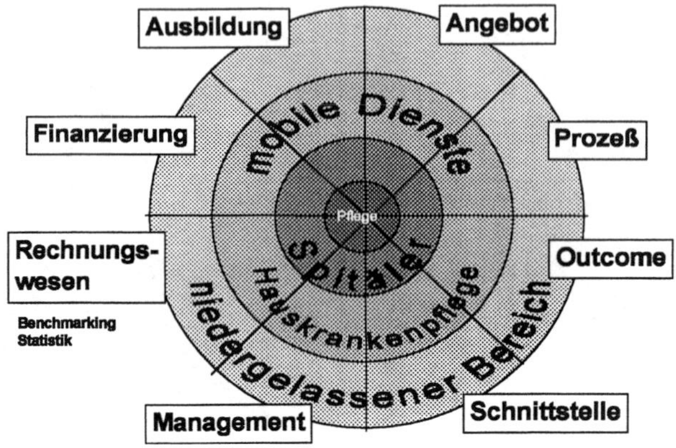

Die Bedeutung des Spitalsbereiches im Gesundheitswesen resultiert aus der Höhe der absoluten Kosten, der Dynamik der Kostenentwicklung, der Tatsache, daß ein Spital die medizinisch gesehen "höchste" Versorgungsebene darstellt und weiters aus der Situation heraus, daß die Rechtsträger der großen Spitäler aus dem staatlichen Verwaltungsbereich kommen (Abbildung 18 u. 19).

Abbildung 18: Ausgaben der Sozialversicherung für Anstaltspflege und ärztliche Hilfe

SV-Ausgaben (Beträge in Mio. öS)*

	Anstaltspflege		ärztliche Hilfe		Quotient Anstaltspflege/ärztl. Hilfe	
	abs.	Index	abs.	Index		Index
1960	742	100,00	1.062	100,00	0,70	100,00
1970	2.595	349,73	2.993	281,83	0,87	124,09
1980	10.464	1.410,24	10.027	944,16	1,04	149,36
1990	21.846	2.944,20	19.121	1.800,47	1,14	163,52
1996	35.478	4.781,40	28.918	2.722,98	1,23	175,59

* Quelle: Jahrbuch der öst. Sozialversicherung; Statistisches Handbuch der öst. Sozialversicherung
Ab 1978 sind im Aufwand für die Anstaltspflege auch die Überweisungen an den KRAZAF berücksichtigt.

Abbildung 19: Ausgaben für die Anstaltspflege

	BIP zu Marktpreisen		Anstaltspflege	
	abs. in Mrd. öS	Index	abs. in Mio. öS	Index
1960	162,89	100,00	742	100,00
1970	375,88	230,76	2.595	349,73
1980	994,70	610,66	10.464	1.410,24
1990	1.813,50	1.113,33	21.846	2.944,20
1996	2.421,60	1.486,65	35.478	4.781,40

* Quelle: ÖSTAT; Statistisches Jahrbuch

Steuerungsnotwendigkeiten lassen sich neben dem analytischen Ansatz der Istsituation von Kosten, Mengen, Bedarf, Kritik usw. durch Vergleiche bestärken. International gesehen liegt Österreich mit 23 Spitalsfällen pro 100 Einwohnern im absoluten Spitzenfeld (Abbildung 20 u. 21).

Abbildung 20: Pro-Kopf-Ausgaben für Gesundheitsleistungen

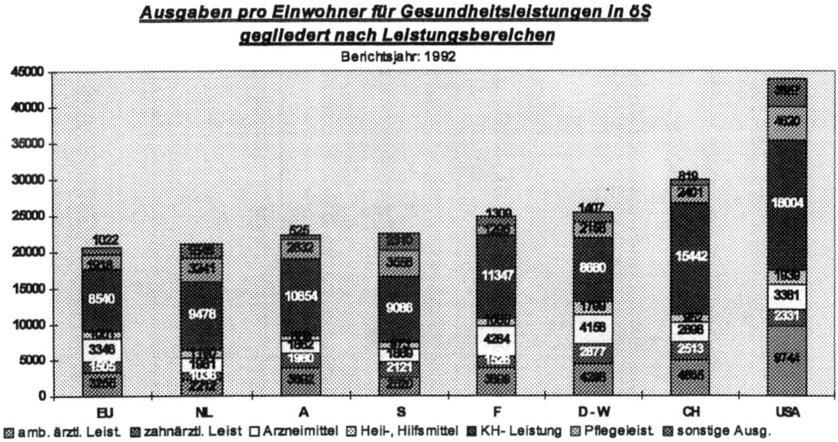

Quelle: BASYS Gesundheitssysteme im internationalen Vergleich, Ausgabe 1994;

Abbildung 21: Krankenhausfälle

KRANKENHAUSFÄLLE JE 100 EINWOHNER
DATENBASIS 1992

	EU*	Deutschland alte Länder	Schweden	Niederlande	Österreich	Frankreich	Schweiz*	USA
KH-Fälle je 100 EW	17	20	18	12	23	23	16	13

Quelle: BASYS Gesundheitssysteme im internationalen Vergleich, Ausgabe 1994 (Entwurf); Seite 554, Tab. F.5.4.
* Werte EU und Schweiz aus dem Jahr 1991

Zunächst noch einige prinzipielle Erläuterungen zum Thema Steuerung bzw. Regelung [3] (Abbildung 22).

Abbildung 22: Steuerungselemente

ELEMENTE der STEUERUNG

- ZIELE, ZIELVORGABEN, SOLLWERTE
- MESSMÖGLICHKEIT, FEEDBACK
  - Abweichung vom Zielwert definiert
  - Steuerungsbedarf
- STELLKRAFT
  - interne: Informations-, Controllingsysteme
    - Benchmarking
    - Kommunikation, Motivation
  - externe: Politik
    - Gesetze, Verordnungen
    - Medien
- STEUERUNGSORGANE
  - Durchführende, Betroffene
- MANÖVRIERMÖGLICHKEIT, RESSOURCEN

[3] Steuerung und Regelung werden hier, abweichend von ihrer technischen Unterschiedlichkeit, als Synonym verwendet.

Für einen Regelkreis bedarf es fünf Größen:

- den Sollwert,
- eine Meßmöglichkeit,
- Stellkräfte und
- Steuerungsorgane, sowie
- entsprechende Ressourcen.

Die Bedeutung der Definition des Sollwertes im Sinne der Festlegung der Ziele wurde schon eingangs hervorgehoben. Die Abbildung 17 zeigte sehr schön, daß - ohne besonders in die Tiefe zu gehen - von mindestens 32 Einzelzielen im Gesundheitswesen ausgegangen werden kann. Dem gegenüber steht die bisherige langläufige Fokussierung auf die Finanzierung, Bettenanzahl und Großgeräte.

Die Steuerung erfolgt durch Feststellung des Istzustandes durch entsprechende Erhebung der Betriebsdaten, deren Vergleich mit den Zielgrößen und bei Feststellen von Abweichungen durch Setzen von Maßnahmen.

Abbildung 23: Analysebefund des Spitalbereiches

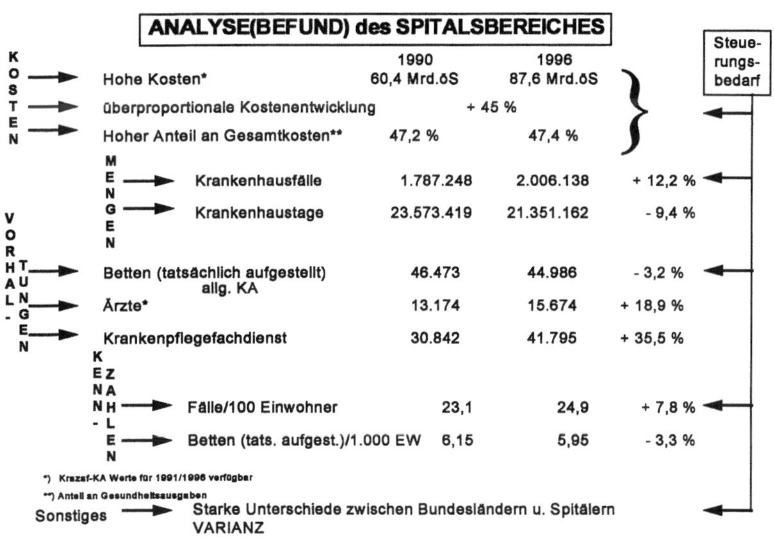

In Abbildung 23 wird der österreichische Spitalsbereich auf Kosten-, Mengen-, Vorhaltungen-, Kennzahlen- und Varianzebene grob analysiert. Salopp gesagt läßt sich folgender Befund formulieren:

Fünf Prozent der medizinischen Interventionen - das sind jene im Spitalsbereich - benötigten fünfzig Prozent der Medizinausgaben. Tendenz bis vor zwei Jahren stark steigend, bei hohen Vorhaltungen und starken Unterschiedlichkeiten zwischen den Bundesländern und einzelnen Spitälern.

Als Reaktion auf diese Situation und als Ergebnis jahrelanger planerischer Vorarbeiten wurde mit Geltung ab 1.1.1997 auf eine Dauer von vier Jahren ein Staatsvertrag zwischen Bund und Länder nach Art. 15a B-VG abgeschlossen, der alle ehemaligen KRAZAF-Anstalten und die Sozialversicherung einschließt. Die Steuerungsrelevanz dieser Vereinbarung läßt sich aus Abbildung 24 ablesen. Sie umfaßt Finanzierung, Vorhaltungen, Dokumentation, die leistungsbezogene Abrechnung nach Fallpauschalien und die Organisation der Auswirkungen der Systemänderung, der Weiterentwicklung sowie des Qualitätsmanagements.

Abbildung 24: Steuerungsbedarf im Spitalsbereich

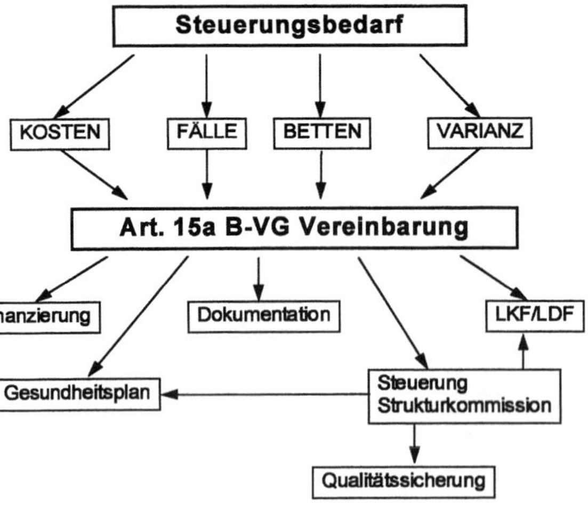

Abbildung 25: Handlungsbedarf und Steuerungsdefizite

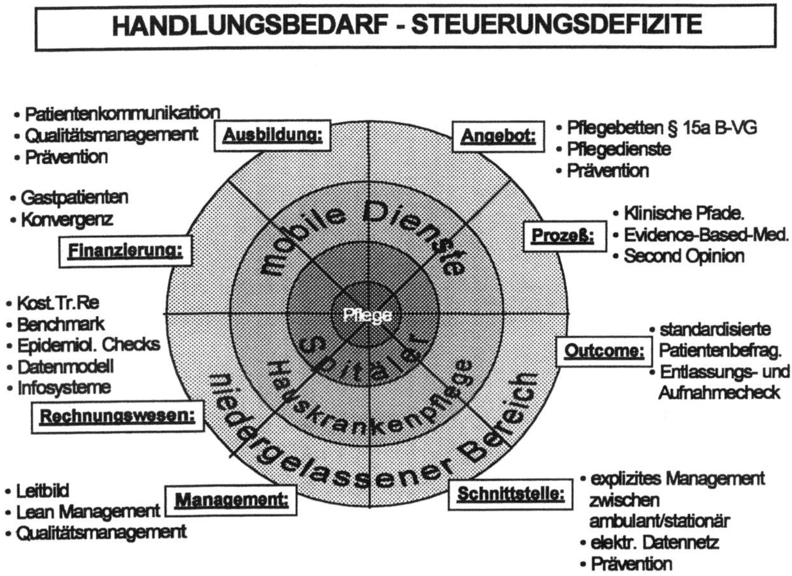

Mißt man die Art. 15a B-VG Vereinbarung an der in Abbildung 17 dargestellten „Zielscheibe“, so läßt sich einiger Handlungsbedarf feststellen, der in Abbildung 25 veranschaulicht wird.

Entsprechend den acht Hauptsektoren der „Zielscheibe“ lassen sich folgende Steuerungsdefizite orten, die in aller Kürze dargestellt werden.
Bei der Finanzierung ist das Problem der inländischen (wohnbundesländerüberschreitenden) Gastpatienten nicht gelöst. Die uneinheitliche Handhabung des neben dem LKF-Kernbereich existierenden Steuerungsbereiches, läßt die divergente Finanzierungssituation der Bundesländer weiterbestehen.

Am Sektor Rechnungswesen, Informationssysteme sind die Bereiche Kostenträgerrechnung, Benchmarking, epidemiologische Plausibilitätskontrolle, sowie die Schaffung eines Datenmodells unbewältigt.

Im Bereich Management sind die Themen Leitbild für das österreichische Gesundheitswesen, partizipative Führungsstile und das integrierte Qualitätsmanagement offen.

Komplexe Versorgungssysteme sind durch Schnittstellenprobleme geprägt. Im österreichischen Gesundheitswesen fehlt es an einem expliziten Management der Schnittstellen. Ein elektronisches Datennetz entwickelt sich erst langsam.

Der Ergebnisqualität wird im traditionell anbieterorientierten österreichischen Gesundheitswesen erst seit kurzem Augenmerk geschenkt. Ein systemorientiertes, integriertes Managen des Outcomes durch standardisierte Patientenbefragungen sowie durch Aufnahme- und Entlassungschecks existiert noch nicht.

Für die Sicherstellung einer zufriedenstellenden Prozeßqualität ist die Schaffung klinischer Pfade und die Durchführung wissensbasierender medizinischer Methoden unter systematischem Einbezug der Second Opinion vorzunehmen.

Die Angebotsseite weist im „nichtspektakulären" Anbieterbereich der Pflege und der Pflegedienste den Bedarf einer weiteren analytischen Betrachtung und der Defizitbehebung auf.
Im Ausbildungsbereich sind Mängel in Bezug auf Patientenkommunikation und Qualitätsmanagement evident.

Die Ergebnisse der 1996 beschlossenen Spitalsreform lassen sich derzeit nur mit großer Vorsicht beurteilen, weil die Daten für 1997 noch nicht vollständig vorliegen.

Abbildung 26: Reformergebnisse

ERGEBNISSE der Reform des Gesundheitswesens und der Krankenanstaltenfinanzierung aufgrund der Art. 15a B-VG Vereinbarung

1 HJ 96: 1HJ 97 (PKTE 1 -28 d. PAT)

Kostenentwicklung:* ca. + 2 %

Punkteentwicklung: 22.895.461.486 / 25.275.852.095 + 10,4 %

Mengenentwicklung:

Fallzahlen:	919.215/967.065	+5,2 %
Belagstage*	8.307.280 / 7.514.054	-9,5 %
Belagsdauer*:	9,0 / 7,8	-15,3 %

Strukturelle Verschiebungen:

0-Tages Patienten*: 67.262/85.852 +27,6 %
Pseudoepidemiologische Effekte
Auslagerungen

Gesundheitsplan

ÖKAP } in Strukturkommission
Großgeräteplan } beschlossen
Niederlassungsplan in Abstimmung mit BMAGS
Ambulanzenplan in Ausarbeitung
REHAB-Plan ausgearbeitet

Qualitätsmanagement

Dynamisierung des § 5b KAG
Datenqualitätskommissionen
Modellkrankenhausprojekte

Weiterentwicklung des LKF/LDF-Modells

Intensivdokumentation
Akutnachbehandlung neurol. Pat.
Geriatriebetreuung
Änderung d. Verweildauer=Mittelwerte

* Quelle: BMAGS, LKF-Auswertungen Halbjahresdaten 1996 - 1997; Kostenentwicklung: Gesamtpunkte der Fälle 1-28 Tage

Bezüglich der Kosten läßt sich feststellen, daß die Dynamik der Kostenentwicklung schon ein Jahr vor Inkrafttreten der Reform stark abgeschwächt wurde (1994/1995 ca. 5 %, 1995/1996 ca. 2,5 %).

Hinsichtlich der Mengenentwicklung traten die erwarteten Phänomene auf, nämlich ein leicht überproportionales Ansteigen der generellen Fallzahlen, ein stark überproportionales Ansteigen der Nulltagesfälle, bei einem gleichzeitigen überproportionalen Absinken der durchschnittlichen Belagsdauer. Erfreulich ist zu bemerken, daß die Reform Schubkraftwirkung hinsichtlich der Umsetzung der schon 1992 in Kraft getretenen Qualitätssicherungsregelungen hat.

Spricht man von Steuerung im Gesundheitswesen so kommt man an **Managed Care** nicht vorbei.
Managed Care ist auf dem stark fragmentierten und unregulierten Gesundheitsmarkt der USA entstanden. Ein Blick auf die Managed Care Architektur

(Abbildung 27) läßt erkennen, daß europäische Gesundheitssysteme wesentliche Elemente von Managed Care beinhalten.

Wo liegt nun der wesentliche Unterschied? Umfang und Ausmaß der medizinischen Behandlung sind bei Managed Care nicht mehr allein das Ergebnis der ärztlichen Entscheidungsfindung, sondern sie werden durch den Anbieter von Managed Care (mit)bestimmt. Er entscheidet über den Kreis der Leistungserbringer und die finanzielle Belastung der Nachfrager von Managed Care.

Da in Österreich und in einigen anderen europäischen Ländern an der freien Arztwahl nicht zu rütteln ist, werden vor allem Aspekte des Informations- und Qualitätsmanagements und des Managements an sich von Managed Care als übernehmenswert zu überlegen sein.

Abbildung 27: Managed Care

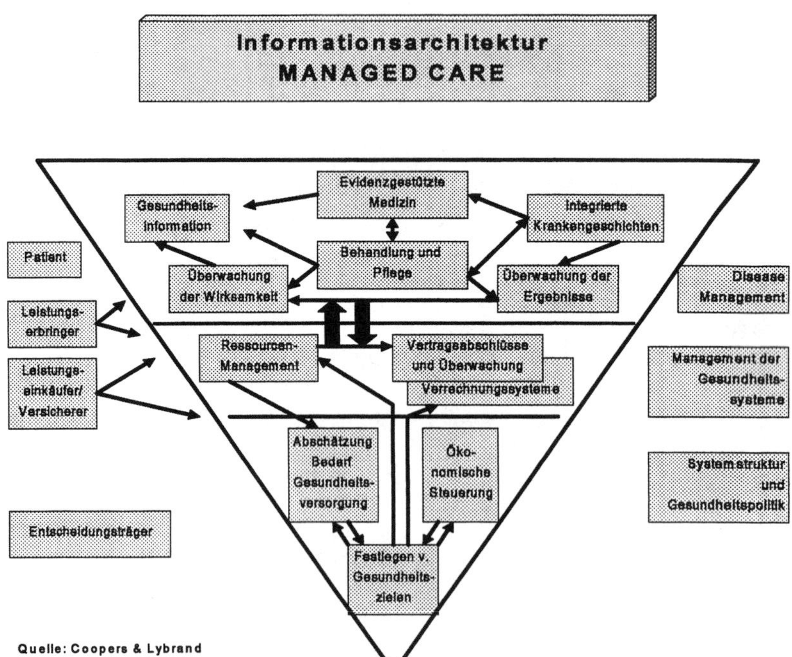

Für die österreichische soziale Krankenversicherung wurden bzw. werden derzeit derartige Informationssysteme entwickelt (Abbildung 28).

Abbildung 28: Folgekostenrechnung

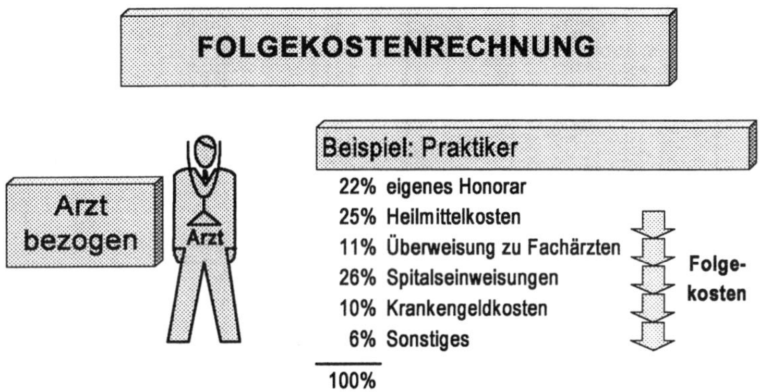

Mit der Folgekostenrechnung wurde ein Instrument geschaffen, mit dem neben der eigenen Leistungserbringung alle medizinischen Veranlassungen eines Arztes wie Rezeptausstellung, Überweisungen, Krankschreibungen usw. verfolgt und bewertet werden können.
Derzeit ist eine Erweiterung dieses Instrumentes in Richtung Patientenbezug im Gange, womit eine Care Verfolgung ex post vorgenommen werden kann.

Ein Managed Care Verfahren im eigentlichen Sinne erfolgt im Rehabilitationsverfahren der Sozialversicherung.

Abbildung 29: Ausgaben der deutschen Krankenversicherungsträger

Index der Ausgaben der Gesetzlichen Krankenversicherung und des BIP in Deutschland von 1970 bis 1995 (1970=100)

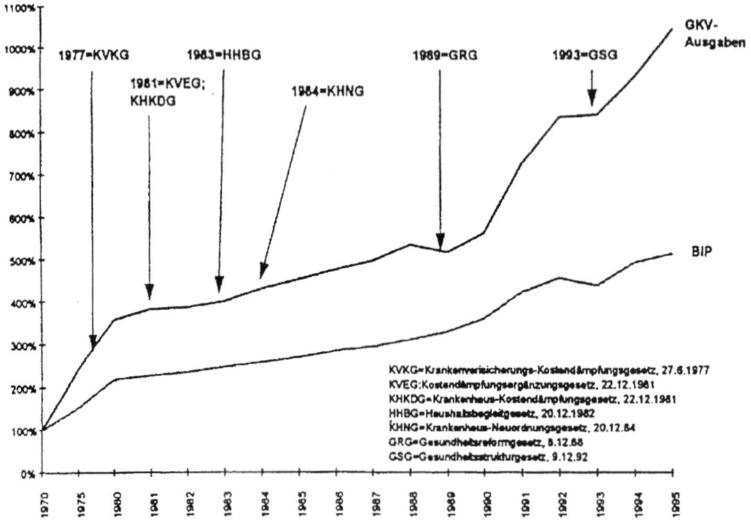

Quelle: Bundesministerium für Gesundheit (Hg.): Statistisches Taschenbuch Gesundheit 1996. Bonn 1996, Tabelle 10.9; Bundesministerium für Arbeit (Hg.): Statistisches Taschenbuch 1996. Bonn 1996, Tabelle 1.2. Bis 1990 Daten der BRD, ab 1991 Deutschland.

Abschließend noch einige Worte zu den Erfolgschancen von Steuerungsmaßnahmen. Steuerungsmaßnahmen scheinen dann einigermaßen wirksam zu sein, wenn sie in einem Markt bzw. System eingesetzt werden der bzw. das soweit reguliert ist, so daß die Betroffenen verhalten bzw. willens sind Steuerungsmaßnahmen inhaltlich umzusetzen.
Abbildung 29 veranschaulicht die Langzeitkostenentwicklung in Deutschland, das einen im Vergleich zu Österreich deregulierteren Gesundheitsmarkt aufweist, wo Steuerungsmaßnahmen nur punktuell greifen und zum Teil zu einem Pendelausschlag in Richtung Kostenerhöhung führen.

Workshop

Psychiatrische Versorgung und Mental Public Health

Referenten:

Eberhard Danmayr
Stephan Rudas

Chair: Jürgen M. Pelikan

9. Wie steuerbar ist das Gesundheitswesen - Psychiatrische Versorgung und Mental Public Health

Eberhard Danmayr

9.1. Problemstellung

Steuerung in der psychiatrischen und psychosozialen Versorgung ist schwierig: es handelt sich um ein Mischsystem unterschiedlicher Anbieter im Gesundheits- und Sozialbereich mit einem breiten Feld an Leistungsangeboten, das von Beratung im Vorfeld psychischer Erkrankungen bis hin zur stationären und ambulanten Betreuung reicht. Das System der psychiatrischen Versorgung stellt hohe Anforderungen an Kooperation und Koordination der beteiligten Institutionen und Gesundheitsberufe. Eng damit verbunden sind auch Probleme der Finanzierung und Kostenträgerschaft.

9.1.1. Entwicklung

Die psychiatrische und psychosoziale Versorgung in Österreich befindet sich in einem langjährigen und noch nicht abgeschlossenen Reformprozeß, der bis in die siebziger Jahre zurückreicht. Ausgehend von der Kritik an der traditionellen Anstaltspsychiatrie mit ihrer oft lebenslangen Verwahrung psychisch kranker Personen wurde die gesundheitspolitische Zielsetzung einer gemeindenahen sozialpsychiatrisch orientierten Versorgung entwikkelt, die durch ein flächendeckendes und integriertes Netz einander ergänzender und vernetzter Berufsgruppen, Dienste und Einrichtungen gekennzeichnet ist.

Ergebnisse der durchgeführten Maßnahmen waren v.a. die stärkere innere Differenzierung der psychiatrischen Krankenanstalten, eine Reduktion der Bettenzahl, die Zunahme extramuraler Dienste und Einrichtungen sowie die Verbesserung der Rechtsstellung psychisch kranker Personen.

Eine weitere Komponente der qualitativen Steigerung ist in der Einführung neuer Heil- und Gesundheitsberufe, wie Psychotherapeuten, klinische Psychologen und Gesundheitspsychologen zu sehen.

Allerdings erfolgte diese Entwicklung - von regionalen Ausnahmen abgesehen - improvisierend, wenig geplant, auf Basis lokaler oder persönlicher Initiativen und unkoordiniert. Es kann demnach in allen angeführten Bereichen noch nicht von einer bedarfsgerechten Versorgung gesprochen werden, da zwischen und innerhalb der Bundesländer zum Teil beträchtliche Unterschiede bestehen.

9.1.2. Ist-Stand

Ziele und Anforderungen an eine qualitativ hochstehende Versorgungsstruktur sind bekannt und es besteht weitgehende Übereinstimmung darüber. Es gibt darüber weniger ein Erkenntnisproblem als vielmehr ein Umsetzungsproblem.

In der Reformdiskussion und Forschung werden eine Reihe von Grundsätzen und Anforderungen genannt, denen psychiatrische Versorgung genügen soll. Die wesentlichsten sind:

- Bedürfnis- und Bedarfsgerechtheit
- Integration in die allgemeine medizinische und soziale Versorgung
- Regionalisierung und Gemeindenähe zur Erlangung bestmöglicher Erreichbarkeit und Chancengleichheit
- Vernetzung und Versorgungsverpflichtung für jede Region
- Vorrang der extramuralen vor der stationären Versorgung
- Qualitätssicherung und Evaluation des Angebotes an Einrichtungen und Diensten

Nach wie vor jedoch benachteiligen die derzeitigen Steuerungsinstrumente psychiatrische Patientinnen und Patienten, u.zw :

- der Bettenabbau geschah und geschieht ohne ausreichenden Aufbau einer regionalisierten psychiatrischen/psychosozialen Versorgungsstruktur,
- es gibt fast keine Anreize zur Dezentralisierung,
- eine mangelnde Koordination zwischen ambulant und stationär ist festzustellen,
- es kam in den letzten Jahren zu einer Zunahme von Pflegefällen und den damit verbundenen Härten für Angehörige,
- weitgehend fehlen tagesklinische Einrichtungen sowie ein Anreiz zu deren Errichtung,
- schließlich wird durch Kosteneinsparungen die Entwicklung von Qualitätskriterien behindert.

9.2. Perspektiven

Zur Lösung der angeführten Probleme bieten sich eine Reihe von Maßnahmen an, u.a.:

- Erstellung eines österreichischen Psychiatrieplanes, in dem der Rahmen und die anerkannten Ziele zur Erreichung einer adäquaten Versorgungsstruktur verbindlich vorgegeben werden. Schließlich sollte dieser Plan in eine Vereinbarung nach § 15a Bundesverfassung mit den Bundesländern münden.
- Erarbeitung von Struktur-Qualitätskriterien für stationäre und außerstationäre Versorgung, in welchen für typische Leistungsbereiche der psychiatrischen Versorgung Kriterien definiert werden, u.zw. hinsichtlich der zu behandelnden und betreuenden Erkrankungsgruppen, der personellen Ausstattung nach Zahl und Qualifikation, der räumlichen und apparativen Ausstattung und schließlich durch Festlegung des anzubietenden Leistungsspektrums.
- Die Einführung von regionalen Psychiatriebudgets zur Unterstützung der Vollversorgungsverpflichtung und zum Abbau ökonomischer Diskriminierung; anzuregen wäre dabei die Durchführung eines entsprechenden Modellversuchs.

- Erhöhung der psychiatrischen und psychosozialen Kompetenz in Pflegeheimen, Altenheimen und im ambulanten Bereich, um Defizite im Bereich der gerontopsychiatrischen Versorgung abzubauen.
- Einbeziehung der Klienten und deren Angehörigen bei der Planung von Versorgungsstrukturen, um auch deren Bedürfnisse zu berücksichtigen.

Literatur:

BUNDESMINISTERIUM FÜR ARBEIT, GESUNDHEIT UND SOZIALES: Gesundheitsbericht an den Nationalrat, Wien, 1997

MEISE, U., HAFNER, F., HINTERHUBER, H.: Gemeindepsychiatrie in Österreich, Innsbruck, 1998, Verlag Integrative Psychiatrie.

Anhang:

Abbildung 30: Kennzahlen zur Entwicklung der stationären psychiatrischen Versorgung in Österreich

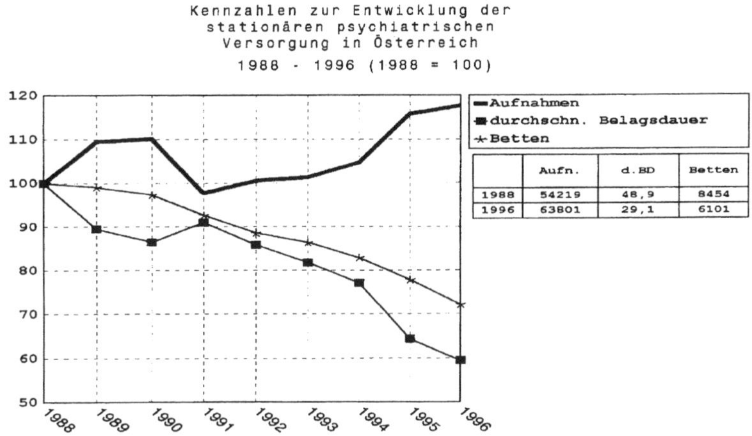

	Aufn.	d.BD	Betten
1988	54219	48,9	8454
1996	63801	29,1	6101

Quelle: ÖBIG

Abbildung 31: Psychiatrische Betten pro 1000 Einwohner

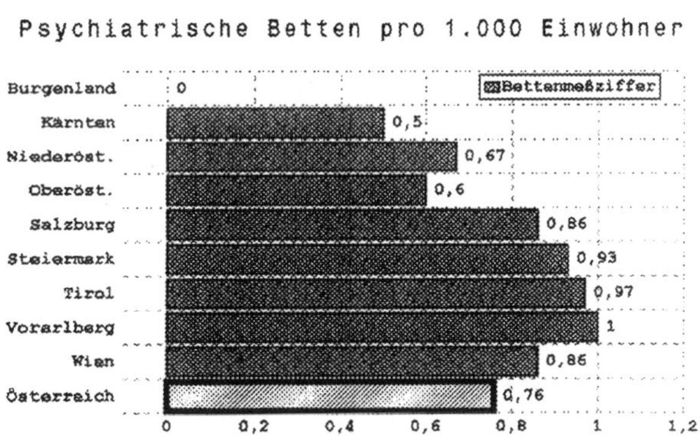

Quelle: ÖBIG

Abbildung 32: Karte: Erreichbarkeit und natürliche Einzugsbereiche

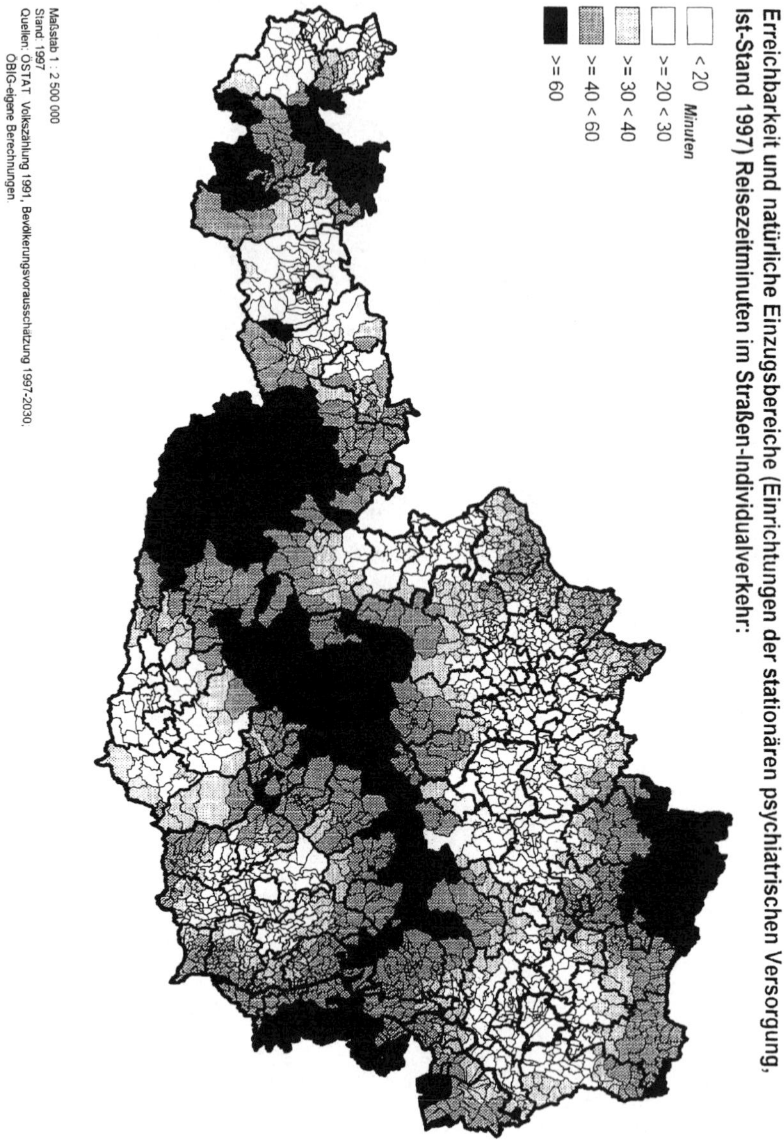

Abbildung 33: Anzahl der Psychotherapeutinnen und -therapeuten nach Bundesländern 1997

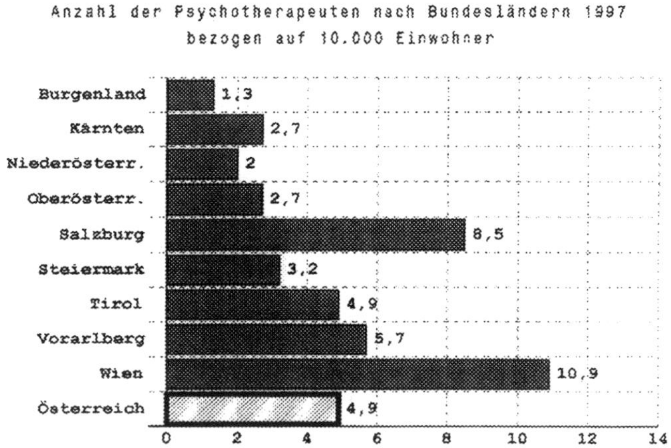

Quelle: ÖBIG

Abbildung 34: Niedergelassene Fachärztinnen und -ärzte für Psychiatrie

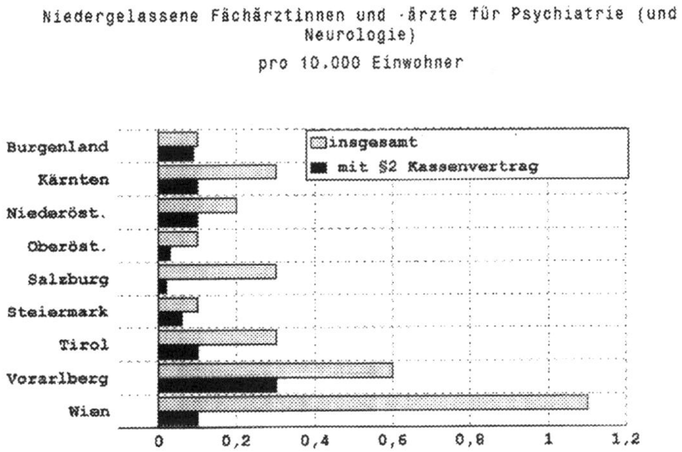

Quelle: ÖBIG

Workshop

Wie kann der öffentliche Gesundheitsdienst reformiert werden?

ReferentInnen:

Franz Piribauer
Petra Müller

Chair: Katharina Heimerl

10. Wie kann der Öffentliche Gesundheitsdienst reformiert werden?

Franz Piribauer

10.1. Einleitung und Überblick

Reform setzt die Formulierung von Zielvorstellungen voraus. Über diese Zielvorstellungen sollte eine politische Willensbildung stattgefunden haben. Für die Unterstützung dieser Willensbildung hat der Öffentliche Gesundheitsdienst zu sorgen.

Ausgehend von einer kurzen Umgebungsanalyse werden Ziele und Maßnahmen aus der Ljubljana Charta 1996 der WHO abgeleitet.

Für die Umsetzung soll sich der ÖGD wie andere Organisationseinheiten professionellen Change Managements und modernen Organisationsmethoden bedienen. Für die Reorganisation gehören dazu die Verwendung von Unternehmensberatung und Projektmanagement und für die fortlaufende Verbesserung in der stabilisierten Organisation die Methodik des Qualitätsmanagements.

10.2. Umgebungsanalyse: Tätigkeiten und Einflüsse

Grundsätzlich besteht für alle im öffentlichen Auftrag handelnden Organisationen das Spannungsfeld des „Wheel of Power“.
Das Management einer öffentlichen Organisation arbeitet für Kunden, die selbst nur indirekt und sehr langfristig Einfluß auf das Leistungsangebot nehmen können. Die Organisation verkauft meist auch keine Einzelleistungen, sondern muß über Medien und Mediatoren (Multiplikatoren) an die Bevölkerung herantreten. Die Bevölkerung bestimmt nicht durch ihr Kaufverhalten, sondern über den Weg der Wahlzyklen und damit über den indirekten Einfluß der Politik auf die Organisation.

„Eine „Budget driven Organisation“ muß deswegen für die Politik das tun, was die Politik erwartet, um tun zu können, was die Bevölkerung braucht.“ (MARK ROBERTS, 1992)

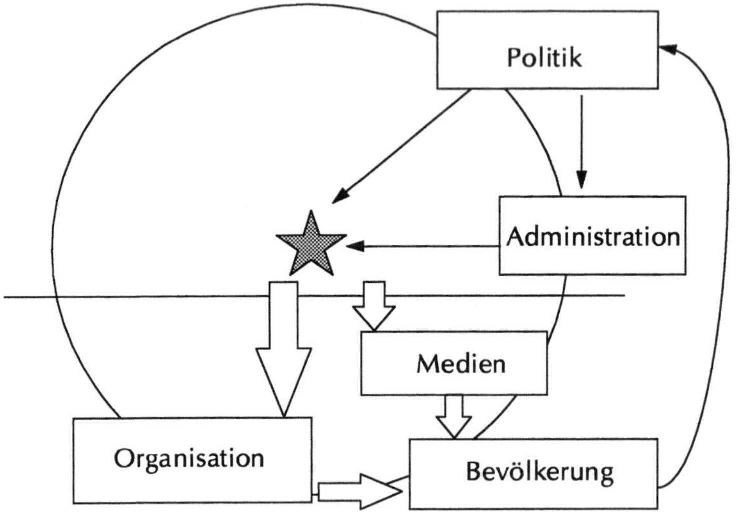

Im Rahmen des Reorganisationsprojektes in der Fachabteilung für das Gesundheitswesen (FAGW), wurde mit Hilfe eines erfahrenen Unternehmungsberaters die Frage : **Was sollen, was können, was wollen wir tun und was nicht** mit den Mitarbeitern gemeinsam erarbeitet.

10.3. Kommende Aufgaben

Die kommenden Aufgaben der FAGW beruhen auf dem gesetzlichen Rahmenauftrag des ÖGD und können aus der Ljubljana Charta von 1996 abgeleitet werden:

- Im Reichssanitätsgesetz 1870 wurde dem Sanitätsdienst die „ Oberaufsicht über das gesamte Sanitätswesen und die oberste Leitung der Medicinalangelegenheiten der Staatsverwaltung" erteilt (ÖBIG Reorganisationskonzept 1994).

- Aufgrund des Größenwachstums des Gesundheitssystems innerhalb der letzten 125 Jahre und der stark veränderten Gesundheitsprobleme der Bevölkerung muß diese prinzipiell gleichgebliebene Verantwortung mittels adäquater neuer Konzepte, neuer Regelungsmodelle und neuer Methoden umgesetzt werden.

Folgende Schwerpunkte zeichnen sich ab:

Fortführung der traditionellen Aufgaben mit neuen Methoden
mit wirksamen neuen Methoden (Umsetzung New Public Health, z.B. breitestes Medienmanagement, wie schon jetzt bei Masernschutz 100% oder Mutter-Kind-Paß)

Wandel zum Qualitätsmanagement
der Gesundheitsversorgungssysteme aus der „Aufsicht über das Sanitätswesen" heraus (Punkt 1.4 der Ljubljana Charta)

Auslagerung der unmittelbar erbrachten Dienstleistungen
(Beratungsstellen) in die erste Instanz oder an unabhängige Träger auslagern

Beratung und Unterstützung der Entscheidungsträger
des Landes bei den von der OECD empfohlenen Maßnahmen durch

- Gesundheitsökonomische Berichte inklusive intra- und extramuraler Patientenstromanalysen (OECD Nr. 1)
- Projektmanagement beim Systemwandel (incl. etwa Etablierung und Qualitätssicherung der extramuralen Psychiatrie)
- Etablierung von intermediären Organisationen, welche Umsetzungen der Maßnahmen (OECD Nr. 3, 5, 6) technisch durchführen (analoge Erfahrungen aus den Niederlanden liegen vor).

Unterstützung des System-Wandels

entsprechend den Forderungen der WHO Charta von 1996 (vor allem Punkte 6.3 und 6.5)

Gesundheitsberichte für interessierte Laien

verbreiten, um die Bürger anzuregen, für ihre Gesundheit selbst aktiv zu werden (Vorbild Kopenhagen) z.B. zu:

- Umweltgesundheit „Enviroment Health"
- Gesundheitsverhalten regional und gruppenbezogen (setting approach)
- Qualitätsdaten von Gesundheitsvorsorgeeinrichtungen inklusive ausgewählter Ergebnisdaten (z.B. Patientenzufriedenheit)
- Ausgewählte harte Daten zu Behinderung durch chronische Krankheiten und vorzeitigem Tod (neue globale Weltbank-Systematik)
- Vergleiche mit anderen europäischen und österr. Regionen

Gesundheitsförderung im Bezirk sollte

in der ersten Instanz die lokalen Initiativen anregen und unterstützen

Qualitätssicherung vor Ort soll

in der ersten Instanz durch geeignete Systeme die Qualitätslenkung der lokalen Gesundheitsversorger mitgestalten.

11. Wie kann der Öffentliche Gesundheitsdienst reformiert werden?[4]

Petra Müller

11.1. Herausforderungen an den ÖGD

In der Bundesrepublik Deutschland ist die kommunale Ebene in den letzten Jahren wieder stärker in das Blickfeld von Wissenschaft und Politik gerückt. Gesamtgesellschaftliche Entwicklungen wie Verschiebungen im demographischen Aufbau der Gesellschaft, Massenarbeitslosigkeit, Armut und Obdachlosigkeit verursachen einen zunehmenden Problemdruck in den Kommunen. Auch wenn diese Probleme nicht unbedingt auf kommunaler Ebene verursacht werden, so müssen ihre unmittelbaren Folgen doch primär "vor Ort" bewältigt werden. Dies betrifft einerseits die Bereitstellung öffentlicher Mittel zur unmittelbaren Unterstützung einer wachsenden Zahl von Menschen und andererseits die Entwicklung und Umsetzung von Strategien, mit denen die sozialen und gesundheitlichen Konsequenzen dieser Entwicklungen bedürfnis- und bedarfsgerecht bewältigt werden können.

Zahlreiche politikwissenschaftliche Studien kommen zu dem Ergebnis, daß dieser Verschärfung der Probleme allerdings kein geeignetes kommunalpolitisches Instrumentarium gegenübersteht (vgl. HEINELT/WOLLMANN 1991; BLANKE 1991). Vor diesem Hintergrund wird an den ÖGD von außen der Vorschlag herangetragen, sich dieser inhaltlichen Herausforderung anzunehmen und seinen Standort im kommunalen Gesundheitswesen neu zu definieren. Der ÖGD, so formuliert es FERBER (1991), solle sich zu einem "kommunalen Instrument der Gesundheitspolitik" entwickeln. Als Bezugspunkte einer solchen Neudefinition von Aufgaben und Profil des ÖGD werden benannt (vgl. z.B. LEIDEL 1996):

---

[4] Überarbeitete Fassung eines Referats bei der Zweiten wissenschaftlichen Tagung der Österreichischen Gesellschaft für Gesundheitswissenschaften und Public Health am 24.4.1998 in Linz.

- eine stärkere Orientierung der Aufgaben und Funktionen des ÖGD an den gesundheitspolitisch relevanten Problemen in der Kommune;
- ein stärker bevölkerungs- und strukturbezogenes Denken und Handeln im ÖGD;
- die Konzentration auf gesundheitlich und sozial benachteiligte Gruppen in der Bevölkerung;
- eine Schwerpunktsetzung im Bereich der kommunalen Gesundheitsförderung.

Über die inhaltlichen Herausforderungen hinaus läßt jedoch auch eine Reihe struktureller Entwicklungen eine verstärkte Profilierung des ÖGD notwendig erscheinen. Für die vergangenen 50 Jahre diagnostizieren wissenschaftliche Studien einen kontinuierlichen Bedeutungsverlust des ÖGD. Zahlreiche Fachaufgaben wurden in andere Einrichtungen ausgelagert, Aufgaben in der Gesundheitsversorgung sowie in der Krankheitsfrüherkennung und Individualprävention weitgehend an die niedergelassenen Ärzte abgegeben. Es wurde festgehalten, daß der ÖGD dauerhaft nur dann eine Überlebenschance habe, wenn es ihm gelinge, ein neues, eigenständiges Aufgabenprofil zu entwickeln (vgl. z.B. ROSEWITZ/WEBBER 1991; BADURA/LENK 1986). Angesichts der Knappheit der öffentlichen Haushalte auf der einen Seite und der generellen Forderung nach einer Straffung der öffentlichen Verwaltung auf der anderen Seite steht der ÖGD heute immer stärker unter dem Druck, seine Aufgaben und seine Arbeitsroutinen im Hinblick auf ihre Effizienz und Effektivität zu begründen.

11.2. Kernelemente einer Neuorientierung

Zu den Kernelementen einer Neuorientierung des ÖGD, die auf eine Bewältigung der gesundheitspolitischen Herausforderungen auf kommunaler Ebene zielt, zählen die Schaffung von Handlungsgrundlagen für die kommunale Gesundheitspolitik, die Kooperation und Koordination im kommunalen Gesundheitswesen sowie eine Neuorientierung der Fachdienste der Gesundheitsämter.

- **Schaffung von Handlungsgrundlagen für die kommunale Gesundheitspolitik**
  Die Schaffung von Handlungsgrundlagen für die kommunale Gesundheitspolitik stellt einen zentralen Aspekt bei der Neuorientierung des ÖGD dar. Der ÖGD selbst trifft zwar keine gesundheitspolitischen Entscheidungen, er kann jedoch dazu beitragen, solche Entscheidungen fachlich vorzubereiten und die Prioritätensetzung in der Gesundheitsförderung und Gesundheitsversorgung und –betreuung mitzugestalten.

  Dazu gehört ganz wesentlich der Aufbau einer kommunalen Gesundheitsberichterstattung. Unter Gesundheitsberichterstattung ist dabei *nicht* die vielfach vom ÖGD immer noch praktizierte Leistungsberichterstattung zu verstehen, sondern die Ermittlung von gesundheitspolitischem Handlungsbedarf und die Entwicklung von fachlich begründeten Konzepten für die kommunale Gesundheitspolitik. Gesundheitsberichterstattung in einem solchen Sinne dient dazu, gesundheitspolitisch relevante Probleme und Ressourcen zu dokumentieren, zu analysieren und öffentlich zu machen. Auf der Grundlage der Gesundheitsberichterstattung kann der ÖGD aufzeigen, wo Versorgungslücken sowie Koordinations- und Informationsdefizite bestehen, welche Bevölkerungsgruppen und welche Ortsteile besonders davon betroffen sind, wo Gesundheitsgefährdungen deutlich werden und wo bereits Angebote und Initiativen in der Gesundheitsförderung und in der Versorgung existieren. Auf einer solchen Grundlage kann der ÖGD Handlungsvorschläge entwickeln und an die relevanten gesundheitspolitischen Akteure herantragen.

- **Kooperation und Koordination im kommunalen Gesundheitswesen**
  Der ÖGD muß sowohl bei der Gesundheitsberichterstattung als auch bei der Konzeptentwicklung und deren Umsetzung mit den anderen Akteuren in der kommunalen Gesundheitspolitik kooperieren. Dazu gehören z.B. andere Verwaltungen, Anbieter gesundheitsbezogener Leistungen, Initiativen auf der kommunalen Ebene und nicht zuletzt die BürgerInnen. Diese Akteure besitzen nicht nur Fachwissen über die gesundheitliche Versorgung "vor Ort", sondern sind auch die Ansprechpartner für die Umsetzung der Erkenntnisse, die aus der Gesundheitsberichterstattung folgen.

Der ÖGD kann Defizite im Leistungsangebot der Gesundheitsförderung sowie der gesundheitlichen Betreuung und Versorgung nur zu einem geringen Teil mit eigenen Angeboten auffangen. Seine Aufgabe liegt vielmehr darin, bereits vorhandene - verwaltungsinterne und verwaltungsexterne - Initiativen zu vernetzen, auf ihre Bedarfsorientierung hinzuwirken und neue Initiativen anzuregen. Der ÖGD kann den anderen Akteuren nicht vorschreiben, in welchen Bereichen sie aktiv werden sollen, er kann lediglich Informationen zur Verfügung stellen, Anregungen geben und Überzeugungsarbeit leisten. Insofern kann die Rolle des ÖGD nur die eines Koordinators bzw. Moderators sein.

Zahlreiche wichtige Akteure in der Gesundheitspolitik, wie z.B. die Krankenkassen oder Wohlfahrtsverbände, sind in der Regel für den ÖGD allerdings nur schlecht erreichbar, da sie ihre Entscheidungen auf der Landes- oder sogar Bundesebene treffen. Für den ÖGD ist daher die Zusammenarbeit mit den für das Gesundheitswesen zuständigen Ministerien auf der Ebene des jeweiligen Bundeslandes relevant, da sie als Vermittlungsinstanz zwischen den kommunalen Einrichtungen des ÖGD und den landesbezogen agierenden Akteuren tätig werden können. Darüber hinaus können die Landesministerien und ihnen nachgeordnete Einrichtungen den ÖGD bei der Gesundheitsberichterstattung sowie bei der Entwicklung von Konzepten und Modellen für die Gesundheitsförderung und –betreuung ideell und finanziell unterstützen.

- **Weiterentwicklung der Fachdienste des ÖGD**
  Auch wenn der ÖGD Schwerpunkte im Bereich der Berichterstattung, Konzeptentwicklung, Koordination und Moderation setzt, wird er in bestimmten Bereichen wie z.B. der Sozialpsychiatrie oder der Kinder- und Jugendgesundheit, weiterhin eigene Betreuungs- und Beratungsleistungen erbringen.

Gerade vor dem Hintergrund der Finanzknappheit der öffentlichen Haushalte auf der einen Seite und des bereits vorhandenen vielfältigen Angebots gesundheitsbezogener Leistungen freier Träger auf der anderen Seite ist es wichtig, daß die Fachdienste des ÖGD ihre Angebote noch stärker als bisher auf die Zielgruppen konzentrieren, die von den anderen Einrichtungen nur mangelhaft erreicht werden. Dazu gehören z.B. MigrantInnen, Obdachlose, psychisch Kranke, chronisch Kranke oder Suchtkranke.

Die gesundheitlichen und sozialen Benachteiligungen und damit die Bedarfsprofile dieser Gruppen sind sehr heterogen. Daher ist es wichtig, zielgruppen- und lebensweisenspezifische Angebote zu machen. Dies beinhaltet auch, daß die Fachdienste dort, wo es nötig ist, stärker auf diese Gruppen zugehen und nicht warten, bis diese von selbst den Weg in das Gesundheitsamt finden. Die Gesundheitsberichterstattung kann dazu beitragen, das Bedarfs- und Bedürfnisspektrum der einzelnen Gruppen zu analysieren und Versorgungsdefizite zu erkennen.

11.3. Voraussetzungen für die Neuorientierung[5]

Was sind nun die Voraussetzungen, unter denen der ÖGD diese Herausforderungen annehmen kann? Im folgenden sollen einige hemmende und fördernde Faktoren stichwortartig skizziert werden.

- **Ressourcenknappheit**
  Solange der ÖGD sich auf die Wahrung seiner Besitzstände zurückzieht und den externen Forderungen nach einer Neuorientierung keine eigenen Konzepte entgegensetzt, läuft er Gefahr, daß ihm pauschale Kürzungen von außen aufgezwungen werden. Aufgrund der Ressourcenknappheit wird der ÖGD die neuen Aufgaben allerdings nicht zusätzlich leisten können, sondern nur durch die interne Umverteilung von Finanzen und Personal zu Lasten anderer Bereiche. Er muß also selbst neue Schwerpunkte in seinem Aufgabenprofil setzen.

- **Leitlinien**
  Unsere Untersuchungen haben ergeben, daß in allen Bereichen – von der Gesundheitsförderung über die Gesundheitsberichterstattung bis hin

[5] Die Ausführungen in diesem Abschnitt beziehen sich auf Ergebnisse aus den Forschungsprojekten "Gesundheitsförderung und Prävention durch den ÖGD", (MÜLLER 1994, MÜLLER 1997), und "Der ÖGD – eine Schnittstelle von Public Health in der Kommune?" (gefördert vom Bundesministerium für Bildung, Wissenschaft, Forschung und Technologie, Förderkennzeichen 01 EG 9528/6).

zur Koordination und zur Arbeit in den Fachdiensten in den verschiedenen ÖGD´s - äußerst heterogene Strategien verfolgt werden und daß sich diese Heterogenität nicht allein mit den jeweils unterschiedlichen Bedingungen "vor Ort" erklären läßt. Es fehlen praxisnahe Leitlinien für die Arbeit, und es fehlt darüber hinaus an institutionalisierten Formen des Informationsaustauschs zwischen den Kommunen, so daß die MitarbeiterInnen in den einzelnen ÖGD´s sich jeweils eigene Strategien „basteln".

Die Entwicklung solcher Leitlinien wäre eine wichtige Voraussetzung für eine effektive und effiziente Wahrnehmung der Aufgaben. Bei der Entwicklung solcher Entscheidungshilfen und bei der Organisation des Informationsaustausches hat die jeweilige Landesebene eine wichtige Unterstützungs- und Informationsfunktion.

Darüber hinaus müssen solche Leitlinien politisch verabschiedet sein, um die Planungssicherheit für den ÖGD sicherzustellen.

- **Selbstverständnis**
  Die Ergebnisse unserer Untersuchungen deuten darauf hin, daß die Rolle des ÖGD als Koordinations-, Moderations- und Programmentwicklungsinstanz bislang erst in Ansätzen im Selbstverständnis des ÖGD verankert ist.
  Unsere Untersuchungen zeigen, daß die Mehrheit der MitarbeiterInnen solche Reformorientierungen unterstützt, die auf mehr Bürgernähe zielen und die an eine sozialstaatliche Verantwortlichkeit und vor allem an die Fürsorgefunktion des ÖGD anknüpfen. Demgegenüber ist die Zustimmung zu den Funktionen deutlich geringer, die explizit darauf zielen, die Rolle des ÖGD vor allem auf die Gestaltung von Rahmenbedingungen und auf die Rolle des Moderators zu konzentrieren.

  Darüber hinaus betrachten die MitarbeiterInnen eine zu große Nähe des ÖGD zum gesundheitspolitischen Tagesgeschehen oft skeptisch. Die gesundheitspolitischen Aufgabenstellungen des ÖGD werden von vielen MitarbeiterInnen nicht als Gestaltungsspielraum gesehen, der zur Umsetzung des Fachwissens im ÖGD genutzt werden könnte, sondern als unangenehmer Balanceakt zwischen fachlicher Analyse und politischer Instrumentalisierung wahrgenommen.

Die Diskussion über das Selbstverständnis des ÖGD wäre daher eine weitere Voraussetzung für die Wahrnehmung der neuen Aufgaben und Funktionen.

- **Qualifikationen**
  Die Erfüllung von koordinierenden, moderierenden und planenden Aufgaben erfordert von den MitarbeiterInnen fachbezogene Kenntnisse in Public Health, den Umgang mit Verfahren und Methoden der Gesundheitsberichterstattung, Gesundheitsplanung und Gesundheitsförderung sowie organisationsbezogene Fähigkeiten in der Projektplanung und -leitung, der Moderation von Gremien und der Öffentlichkeitsarbeit.

  Unsere Untersuchungen zeigen, daß im ÖGD ein Qualifizierungsrückstand im Hinblick auf diese Aufgaben existiert. Beim Personal der Gesundheitsämter dominieren Berufsgruppen, die in ihrer Ausbildung und Berufstätigkeit vor allem einzelfallbezogene Herangehensweisen kennengelernt haben.[6] Die Arbeitsaufgaben, die sich aus dem neuen Profil des ÖGD ergeben, sind daher den meisten von ihnen nicht vertraut. Eine professionelle Gestaltung der Aufgaben würde daher voraussetzen, daß den MitarbeiterInnen die Gelegenheit gegeben wird, sich entsprechend weiterzuqualifizieren. Darüber hinaus wäre es sinnvoll, bei Neueinstellungen solche BewerberInnen bevorzugt zu berücksichtigen, die die entsprechenden Qualifikationen bereits mitbringen.

- **Zuständigkeiten**
  Die Umsetzung der Aufgaben in der Gesundheitsberichterstattung, Moderation, Koordination und Konzeptentwicklung für die kommunale Gesundheitspolitik erfordert ausreichende personelle und zeitliche Ressourcen. Sie setzt voraus, daß ein Teil des Personals die Zuständigkeit für diese Aufgabenbereiche erhält.

  Dieser Überlegung wurde im Berliner Gesundheitsdienstgesetz von 1994 Rechnung getragen, das vorsieht, beim ÖGD in allen 23 Bezirken "Plan-

[6] Den größten Anteil am Personal der Gesundheitsämter bilden SozialarbeiterInnen, MedizinerInnen, weitere medizinische Fachkräfte sowie Verwaltungsangestellte. Der Anteil anderer Berufsgruppen ist gering. Nur eine Minderheit der MitarbeiterInnen verfügt über Zusatzqualifikationen wie z.B. die Gebietsbezeichnung "Arzt für Öffentliches Gesundheitswesen", Gesundheits- und Sozialmanagement oder Abschlüsse von Public Health-Studiengängen.

und Leitstellen Gesundheit" als Stabsstellen der bezirklichen Gesundheitsstadträte einzurichten. Diese Stellen sollen die Aufgaben der Gesundheitsberichterstattung und Gesundheitsplanung im Bezirk übernehmen und außerdem die Koordination in der Gesundheitsförderung und psychosozialen Versorgung leisten. Die Berliner Erfahrungen zeigen, daß sich die Einrichtung solcher Stabsstellen allerdings nur dann als Konzept zur Reform des ÖGD eignet, wenn diese nicht abgekoppelt von den Fachdiensten des Gesundheitsamtes tätig werden: Die Weiterentwicklung von Aufgaben und Strukturen muß auf den gesamten ÖGD gerichtet sein. Dabei sollte der Arbeitsteilung und der Zusammenarbeit innerhalb des ÖGD besondere Aufmerksamkeit geschenkt werden.

- **Arbeitsorganisation**
  Die Weiterentwicklung des Aufgabenprofils erfordert auch eine Weiterentwicklung der Organisationsstrukturen und der Arbeitsorganisation im ÖGD. Das betrifft eine Vielzahl von Aspekten:

– Die neuen Anforderungen an den ÖGD sind nicht aus einer fachlichen Perspektive alleine zu bewältigen. Daher ist es nötig, im ÖGD Arbeitsformen zu etablieren, die eine stärkere Zusammenarbeit der verschiedenen Berufsgruppen ermöglichen.

– Eine flexiblere Gestaltung der Arbeitszeiten könnte dazu beitragen, daß der ÖGD für die BürgerInnen leichter erreichbar wird. Dies gilt auch für eine stärker aufsuchend orientierte Arbeit der Fachdienste, die sich nicht darauf verlassen kann, daß die Zielgruppen gerade zu den traditionellen Sprechzeiten des Gesundheitsamtes erreichbar sind.

– Die Neuorientierung erfordert darüber hinaus eine ausreichende technische Ausstattung. Dies gilt insbesondere für die Ausstattung mit Computern zur Datenerfassung, -verarbeitung und –auswertung im Rahmen der Gesundheitsberichterstattung.

– Darüber hinaus müssen die Entscheidungsstrukturen auf ihre Effektivität und Effizienz hin überprüft werden. Noch heute ist es z.B. eher die Regel als die Ausnahme, daß es ein halbes Jahr lang dauert, bis ein Faltblatt eines Fachdienstes erscheinen kann, da zehn Personen nacheinander nicht nur über die Inhalte, sondern auch über die Gestaltung bis hin zur Farbgebung entscheiden müssen.

11.4. Schlußfolgerungen

Mit der Verschärfung der gesundheitspolitisch relevanten Probleme auf der kommunalen Ebene ist der ÖGD gefordert, sich zu einem gesundheitspolitischen Instrument auf kommunaler Ebene zu entwickeln. Das bedeutet, daß er sich nicht darauf beschränken kann, im Rahmen seiner bereits vorhandenen Routinen und Strategien auf diese Probleme nur zu reagieren, vielmehr muß er aktiv seinen Standort im kommunalen Gesundheitswesen neu definieren und begründen.

Dazu ist es nötig, daß er seine Aufgaben stärker an den gesundheitspolitischen Problemen und Strukturen auf der kommunalen Ebene orientiert und gesundheitlich und sozial benachteiligte Bevölkerungsgruppen in den Vordergrund stellt. Er kann diese Herausforderung aber nur dann bewältigen, wenn gleichzeitig innerhalb des ÖGD die strukturellen und organisatorischen Voraussetzungen dazu geschaffen werden. Der ÖGD kann zwar nicht alleine über die Weiterentwicklung seiner Organisation entscheiden. Aber im Zusammenhang mit den Vorhaben zur Reform der Kommunalverwaltung, die derzeit überall in der Bundesrepublik Deutschland realisiert werden, zeichnen sich auch für den ÖGD Handlungsmöglichkeiten zu einer flexibleren Gestaltung seiner Organisation ab.

Ein solcher Prozeß der Neuorientierung verläuft nicht ohne Widerstände und Konflikte, da er etablierte Besitzstände, das Selbstverständnis der Berufsgruppen im ÖGD und die Verteilung von Sach- und Entscheidungskompetenzen in Frage stellt. Aber die bisherigen Entwicklungen zeigen, daß das bloße Verteidigen der Besitzstände für den ÖGD bislang immer nur weitere Aufgaben- und Bedeutungsverluste mit sich gebracht hat.

Literatur

BADURA, Bernhard und Klaus LENK: Der öffentliche Gesundheitsdienst: Begräbnis oder Neubeginn? In: BLANKE, Bernhard u.a. (Hrsg.): Die zweite Stadt. Neue Formen lokaler Arbeits- und Sozialpolitik. S. 306 - 320. Opladen 1986

BLANKE Bernhard (Hrsg.): Staat und Stadt. Systematische, vergleichende und problemorientierte Analysen „dezentraler" Politik. Politische Vierteljahresschrift, Sonderheft 22. Opladen 1991

FERBER, Chr. v.: Die Reform des öffentlichen Gesundheitsdienstes - Notwendigkeiten und Perspektiven, in: Das öffentliche Gesundheitswesen 53 (1991), S. 242 - 249

HEINELT, Hubert und Hellmut WOLLMANN: Brennpunkt Stadt. Stadtpolitik und lokale Politikforschung in den 80er und 90er Jahren. Basel/Boston/Berlin 1991

LEIDEL, Jan: Der öffentliche Gesundheitsdienst im Spannungsfeld zwischen Sparzwang und neuen Aufgaben, in: Das Gesundheitswesen 58 (1996), S. 571 - 577

MÜLLER, Petra: Gesundheitsförderung und Prävention durch den öffentlichen Gesundheitsdienst. Konzepte, Strategien und Perspektiven in Berlin. Berlin (Freie Universität, Berlin-Forschung) 1994

MÜLLER, Petra: Gesundheitsförderung durch den Öffentlichen Gesundheitsdienst - Problemfelder und Perspektiven, in: Das Gesundheitswesen, Jg. 59, H. 4, 1997, S. 279-282

ROSEWITZ Bernd und Douglas WEBBER: Reformversuche und Reformblockaden im deutschen Gesundheitswesen. Frankfurt/New York 1991

Workshop

Qualitätssicherung im niedergelassenen Bereich

Referenten:

Gerd Glaeske
Erwin Rebhandl

Chair: Werner Bencic

12. Qualitätssicherung im niedergelassenen Bereich
Aber: Haben wir eine Theorie der optimalen medizinischen Versorgung?
Gerd Glaeske

Seit einigen Jahren werden in der Öffentlichkeit verstärkt die Kosten unseres Gesundheitswesens und die Bezahlbarkeit der medizinischen Versorgung in der Zukunft diskutiert. Dabei gelten die Argumente des demographischen Wandels, der für das Jahr 2029 einen Anstieg von derzeit rund 16 % auf rund 24 % der Menschen über 65 Jahre prognostiziert, und der medizinische Fortschritt als besonders kostentreibende Faktoren in der Zukunft. Während der Ausgabenanstieg für den medizinischen Fortschritt in der Tat schwer kalkulierbar ist, wird der Generationenwandel vielfach kritiklos und auch unberechtigt als große Kostenbelastung in der Zukunft dargestellt. Schätzungen gehen davon aus, daß im Jahre 2030 die Behandlungskosten im Rahmen der gesetzlichen Krankenversicherung insgesamt um etwa 10 % gegenüber den Ausgaben in Höhe von 228,8 Milliarden DM im Jahre 1995 ansteigen werden[7] (VERBAND FORSCHENDER ARZNEIMITTELHERSTELLER, 1997).

Wenn heute nach wirksamen Strategien gesucht wird, um die Ausgaben im Gesundheitssystem zu steuern, obwohl sich in der Zwischenzeit auch bei Politikern die Überzeugung breit gemacht hat, daß wir weder eine Kostenexplosion in den vergangenen Jahren zu verzeichnen haben - schließlich ist der Anteil der Ausgaben für Gesundheit - gemessen am Bruttoinlandsprodukt - zwischen 1985 und 1995 in der Bundesrepublik gerade einmal von 8,7 % auf 9,6 % gestiegen, im Vergleich dazu in den USA von 10,7 % auf 14,5 % und in Frankreich von 8,5 % auf 9,9 % -, sondern daß vor allem Einnahmeprobleme für die schwierige Finanzierungssituation der Sozialversicherungssysteme geltend gemacht werden müssen[8], so hat dies vor allem damit zu tun, daß seit langem Unwirtschaftlichkeiten wegen der falschen Allokation von Finanzmitteln und wegen suboptimaler Rahmen-

---

[7] Alle Zahlen in der Einleitung stammen, sofern nichts anderes angegeben ist, aus Statistics ´97, herausgegeben vom Verband Forschender Arzneimittelhersteller. Bonn, 1997

[8] So Gesundheitsminister H. Seehofer in einer Pressekonferenz

bedingungen im Versorgungssystem bekannt sind. Hinzu kommt, daß die Finanzierung der Sozialversicherungssysteme durch den „Faktor Arbeit" im Rahmen der Globalisierung der Wirtschaft unsicher wird - Arbeit wird exportierbar in Länder mit niedrigeren Löhnen und niedrigeren Sozialstandards. Und wenn wegen der steigenden Arbeitslosigkeit in vielen Industriestaaten immer weniger Menschen ein regelmäßiges Arbeitseinkommen erwirtschaften, werden die Belastungen der verbleibenden Grundlohnsumme durch prozentual abzuführende Versichertenbeiträge weiter steigen.
Diese Entwicklung bedeutet aber auch steigende Lohnnebenkosten, die letztlich die „Arbeit" in der Bundesrepublik teurer machen als in Ländern mit niedrigeren Löhnen und geringerer Arbeitslosigkeit. Wenn dann noch aus politischen Gründen zur Entlastung der Arbeitslosenversicherung die Beitragsbemessungsgrenze für die Beiträge in die GKV von 100 % auf 80 % abgesenkt werden, so bedeutet dies mit einem Federstrich die Verringerung der Einnahmen für die GKV in Höhe von 5 - 6 Milliarden DM, immerhin ein Betrag, der rund 0,3 Beitragssatzpunkten entspricht und natürlich zu Beitragssatzanhebungen zumindest in dieser Höhe führen muß, wenn das bestehende Versorgungsniveau beibehalten werden soll.

Daß die Ökonomie kein neuer und sich erst jetzt aufdrängender Begleiter von medizinischer Versorgung ist, sondern immer schon Entscheidungen in der Medizin mitbeeinflußt hat, soll in den folgenden Überlegungen dargestellt werden. Daß aber in diesem Zusammenhang der Qualitätssicherung der medizinischen Leistungen eine besondere Bedeutung zukommt, versteht sich von selbst - die vielfach beklagte Überversorgung ist nämlich genau so problematisch für die Versorgungsqualität wie eine aus ökonomischen Problemen drohende Unterversorgung. Beides ist letztlich nicht nur unwirtschaftlich, entweder unmittelbar durch die Anwendung nutzloser Maßnahmen allein aus dem ökonomischen Interesse der Anbieter oder langfristig durch die Unterlassung von z.B. notwendigen diagnostischen Maßnahmen mit der Konsequenz von Langzeiterkrankungen, sondern auch in hohem Maße unethisch.

Warum Qualitätssicherung in der Medizin einen besonderen Stellenwert haben muß, hängt auch mit den ökonomischen Interessen der Leistungserbringer und der in der Medizin vielfach beobachtbaren Beliebigkeit zusammen: Beides zusammen führt oftmals zu unnötigen und überflüssigen medizinischen Prozeduren, die weder wirtschaftlich noch bei dem jeweiligen PatientInnen notwendig wären. Falsche ökonomische Anreize, gepaart mit defizitärer Transparenz der Behandlung, sind kontraproduktiv für eine sich quasi von selbst ergebende Qualitätssicherung in der Medizin.

Die gesetzliche Krankenversicherung hat über einkommensabhängige Beitragszahlungen einen kaufkraftunabhängigen Leistungsanspruch aller Versicherten eingeführt. Dieser allgemeinen Absicherung stehen allerdings Rahmenbedingungen gegenüber, die durch das 5. Sozialgesetzbuch (SGB V) definiert sind und mit denen die Entscheidungsautonomie der Versicherten bzw. Patientinnen und Patienten durch die Beschreibung der Leistungsansprüche eingeschränkt wird.

So heißt es im § 12 des SGB V: „Die Leistungen müssen ausreichend, zweckmäßig und wirtschaftlich sein; sie dürfen das Maß des Notwendigen nicht überschreiten. Leistungen, die nicht notwendig oder unwirtschaftlich sind, können Versicherte nicht beanspruchen, dürfen die Leistungserbringer nicht bewirken und die Krankenkassen nicht bewilligen." Im § 2 wird für die Leistungen in der GKV gefordert: „Qualität und Wirksamkeit der Leistungen haben dem allgemein anerkannten Stand der medizinischen Erkenntnisse zu entsprechen und den medizinischen Fortschritt zu berücksichtigen." Und im § 70 heißt es, quasi zusammenfassend unter der Überschrift Qualität, Humanität und Wirtschaftlichkeit: „Die Krankenkassen und die Leistungserbringer haben eine bedarfsgerechte und gleichmäßige, dem allgemein anerkannten Stand der medizinischen Kenntnisse entsprechende Versorgung der Versicherten zu gewährleisten. Die Versorgung der Versicherten muß ausreichend und zweckmäßig sein, darf das Maß des Notwendigen nicht überschreiten und muß wirtschaftlich erbracht werden. Die Krankenkassen und die Leistungserbringer haben durch geeignete Maßnahmen auf eine humane Krankenbehandlung ihrer Versicherten hinzuwirken."

In all diesen Vorschriften des SGB V werden Anforderungen einer qualitativ hochstehenden medizinischen Versorgung mit denen der ökonomischen Behandlung (Wirtschaftlichkeitsgebot) verbunden, so daß dieser Zusammenhang die Basis der medizinischen Versorgung in der GKV darstellt. Die Qualitätssicherung gehört daher schon immer zu den „geeigneten Maßnahmen" (siehe § 70 SGB V), sie ist daher keine neu aufgekommene, sondern eine allzu lang in den Hintergrund gedrängte Anforderung. Wenn nun

heute unter einem bislang ungekannten ökonomischen Druck auch besonders der Ruf nach Qualitätssicherung in der Medizin in den Vordergrund rückt, mag dies von vielen als ein Euphemismus für krude Kostendämpfungspolitik interpretiert werden. Doch das Gegenteil ist richtig: Hätten wir in ruhigen Zeiten ökonomischer Ausgeglichenheit stärker über die Qualitätssicherung medizinischer Versorgung diskutiert und Strategien entworfen, wären uns möglicherweise sogar Diskussionen über vorhandene Rationalisierungspotentiale erspart geblieben.
Nun aber kommt die Ökonomie „über uns", der Druck, effiziente Versorgungsstrukturen zu gestalten, wird allseits spürbar, die Zeit drängt, wenn nicht Privatisierungstendenzen in unseren Sozialversicherungssystemen weiter Boden gewinnen sollen - schwierige Voraussetzungen, zukunftsfähige und tragfähige Lösungen für eine wirksame Qualitätssicherung zu finden. Daß solche Lösungen auch Grundstrukturen von Gebührenordnungen mit einbeziehen müssen - was die Überlegungen keineswegs einfacher machen -, soll durch den folgenden Exkurs gezeigt werden. Die Honorierung fördert nämlich bestimmte Leistungen oder Prozeduren, die möglicherweise im Einzelfall gerechtfertigt sind, im Rahmen einer angebotsinduzierten Nachfrage aber wenig zur Qualitätssicherung in der medizinischen Versorgung beitragen.

12.1. Der Einfluß von Gebührensystemen auf die medizinische Versorgung

Vergütungssysteme prägen die Struktur eines medizinischen Versorgungssystems. Systeme, die auf der Abrechnung von Einzelleistungen aufgebaut sind, indem sie alle denkbaren einzelnen Leistungen finanziell bewerten und belohnen (fee-for-service), fördern das Angebot und die Anwendung solcher Leistungen, die wegen ihrer hohen Honorierung attraktiv für die Leistungserbringer sind, es reduziert umgekehrt Leistungen ohne attraktives Honorar. Wenn z.B. der Faktor „Zeit" nicht adäquat honoriert ist, wird man auf Leistungen, die vor allem zeitintensiv erbracht werden, vergeblich hoffen.

Die unerwünschte, medizinisch vielfach nicht notwendige Mengenausweitung ist ebenso Folge der Einzelleistungsvergütung wie die Tatsache, daß PatientInnen, also kranke Versicherte, als ökonomisches Potential im derzeitig vorherrschenden Vergütungssystem gelten. Ein/e Versicherte/r muß krank sein, muß also zur Patientin, zum Patienten werden, damit das ärztliche Versorgungssystem an ihm verdient. Dies läßt auch die Vermutung aufkommen, daß manche Krankheiten durch das medizinische Versorgungssystem nicht nur definiert, sondern auch „produziert" werden: Die Festsetzung von Grenzwerten in der Diskussion um die Hyperlipidämien sind hierfür ein typisches Beispiel. Der angeblich pathologische Wert 200 mg/dl hat über die Hälfte aller Menschen von einem Tag zum anderen als krank definiert und damit zu behandlungsbedürftigen Patientinnen und Patienten erklärt. Ein älterer Mensch, der zu unterschiedlichen Ärzten geht, wird immer wieder aufs neue als krank definiert werden müssen, damit jeder ein entsprechendes Behandlungshonorar abrechnen kann, bei jedem Arztkontakt wird statistisch gesehen ein Arzneimittel verordnet - geradezu als Bestätigung der pathologischen Befunde. Daß aber viele dieser angeblich pathologischen Befunde auf altersbedingte Veränderungen gegenüber einem 30- bis 40jährigen zurückgehen, wird zu wenig berücksichtigt - Abweichungen vom „Normalen", damit aber auch Alterserscheinungen, werden als Krankheit definiert - sicherlich einer der Gründe für die oftmals irrationalen Arzneimittelmengen, die älteren Menschen verordnet werden. Im Mittelpunkt dieses Versorgungssystems steht die kurative Medizin, ein sicherlich vielfach erfolgreicher, aber häufig auch unnötig oder fragwürdig angewandter Reparaturbetrieb.

Die Mengenausweitung im System der Einzelleistungsvergütung fördert aber Einbußen in der Qualität, da Ärzte vielfach apparategestützte Leistungen erbringen, ohne ausreichende Erfahrungen mit diesen Diagnostik- und Therapieverfahren gesammelt zu haben. Gut dotierte apparategestützte diagnostische Verfahren fördern überdies Doppeluntersuchungen oder die nicht induzierte Ausweitung oder sogar Fragwürdigkeit der Anwendung solcher Verfahren. Hierfür ist die Knochendichtemessung sicherlich ein aktuelles Beispiel (LANGE/RICHTER/KÖBBERLING 1994, 22: 56 - 78). Hinzu kommt die Kundenorientierung niedergelassener Ärzte in einem System der Einzelleistungsvergütung: Im patientenorientierten Wettbewerb der Ärzte untereinander steht neben dem Ruf, ein guter Arzt zu sein, auch der Wettbewerb der Praxisausstattung, die allein über die Verfügbarkeit der möglichst neuesten apparativen Angebote hohe Leistungsbereitschaft und Qualität signalisiert, ohne dies in jedem Fall nachgewiesen zu haben, im Vordergrund. High-Tech-Praxen müssen sich aber amortisieren, die Einzelleistungsvergütung bietet die entsprechende Voraussetzung, die Nutzung der Verfahren bei möglichst vielen Patienten, ob medizinisch notwendig oder nicht, schafft die Abzahlungsquote - das Hamsterrad beginnt sich zu drehen! Schon relativ banale Erkrankungen ziehen die Anwendung der gesamten Palette diagnostischer und therapeutischer Verfahren nach sich: Maximalversorgung hat aber nur wenig mit einer optimalen Versorgung zu tun. Die pauschalierten Honorierungsformen haben andere Auswirkungen: Der ökonomische Anreiz für die Ärzte besteht gerade nicht in der Mengenausweitung, sondern in der Minimierung. Ärzte werden in einem solchen System nach der Anzahl der PatientInnen honoriert („capitation"), die in einem vereinbarten Zeitraum (Quartal oder Jahr) die Praxis aufsuchen. Daher werden die Ärzte versuchen, jeden Behandlungsfall möglichst kostensparend abzuwickeln, um einen möglichst hohen Anteil der Pauschale ohne entsprechende Arbeitsgegenleistung in Anspruch nehmen zu können. Sie werden auch möglicherweise versuchen, nur leicht kranke Patienten in ihr Klientel aufzunehmen, die wenig Kosten verursachen. Dennoch wird der Arzt eine Balance zwischen Leistungsangebot und Kostenminimierung finden müssen, weil bei fortgesetzter Untätigkeit enttäuschte PatientInnen die Praxis zum nächstmöglichen Zeitpunkt wechseln werden (GLAESKE/WALZIK 1994, 9: 338 - 342).

Die mögliche Auswirkung einer ärztlichen Untätigkeit trägt dem pauschal honorierten Versorgungssystem häufig den Vorwurf ein, übrigens besonders häufig von Ärzten in Einzelleistungsvergütungssystemen, potentiell unterversorgend zu wirken und Qualitätseinbußen der Versorgung quasi billigend in Kauf zu nehmen. Abgesehen davon, daß dieses Argument einen erstaunlichen Blick auf ärztliche Ethik zuläßt, gelten vor allem zwei andere Gründe, die gegen eine systematische Qualitätsreduktion sprechen (RICHARD 1993, S. 174 ff.):

- Der Wettbewerbsdruck um die PatientInnen.(...) Dieser Wettbewerbsdruck ist daher Voraussetzung für die Effizienz der Honorierung nach Kopfpauschalen.

- Das Haftungsrecht, das Abweichen vom professionellen Standard untersagt und nachhaltige Sanktionen gegen eine Kostenminimierung auf Kosten der Gesundheit der PatientInnen enthält.

Empirische Vergleiche zeigen im übrigen, daß sich die Versorgungsqualität unter einem Pauschalvergütungssystem nicht verschlechtert. So konnte bei einem Vergleich der Blutdruckbehandlung in Großbritannien und Deutschland festgestellt werden, daß die Patientenversorgung unter der geringeren Aktivität der pauschaliert honorierten britischen Ärzte nicht gelitten hat (DONNER-BANZHOFF/KREIENBROCK/BAUM 1993). Dies mag auch daran liegen, daß in solchen Systemen akzeptierte Therapieempfehlungen oder Leitlinien den Behandlungsprozeß des Patienten begleiten (GROL 1994, 6: 205 - 208), die als Standard berücksichtigt werden. Eine ungerechtfertigte Abweichung vom Standard könnte aber möglicherweise haftungsrechtliche Konsequenzen für den behandelnden Arzt haben. Pauschalierte Systeme bieten damit einen finanziellen Anreiz für die Gesunderhaltung eines in der Praxis eingeschriebenen Versicherten, nicht Kuration, sondern Prävention oder Hinweise für einen gesunden Lebensstil werden daher eine stärkere Betonung in der Versorgung bekommen.

Daher ist aus einem Vergütungssystem auch die „Philosophie" einer medizinischen Versorgung abzulesen: Die hohe Bewertung technischer bzw. einzelorganbezogener Leistungen perpetuiert ein Patientenmodell, das maschinenähnlich auf einzelne Schwachstellen diagnostiziert und repariert werden kann, es fördert eine „manipulative Medizin". Eine hohe Bewertung des Faktors „Zeit", der Raum läßt für Gespräche, Beratungen, technisch nicht gestützte Anamnesen, reflektiert den Patienten als „ganzen" Menschen, als einen Patienten, bei dem auch psychosomatische Ursachen zur Krankheit führen können, gefördert wird eine „interpretierende Medizin".

Mit der jeweiligen Philosophie geht auch eine unterschiedliche Priorisierung von Arzt-Typen einher: Das erste System fördert den Spezialisten und damit den Gebietsarzt, das zweite den Generalisten und damit den Allgemeinarzt. Eine Balance zwischen beiden Systemen käme sicherlich einer angemessenen und patientenorientierten medizinischen Versorgung am ehesten entgegen. Daher gibt es Vorstellungen über ein rationales Vergütungssystem, das möglichst folgende Aspekte berücksichtigen sollte

(FISCHER 1995, 11: 442 - 448; Sachverständigenrat für die Konzertierte Aktion im Gesundheitswesen 1989 bzw. 1995):

- Keine Anreize zur Mengenausweitung (z.B. bei diagnostischen/ technischen Leistungen)
- Anreize für zuwendungsorientierte Leistungen
- Anreize zur Sicherung der notwendigen Fachkunde
- Unterbindung überflüssiger Doppeluntersuchungen
- Funktionsgerechte Arbeitsteilung in der medizinischen Versorgung zwischen ambulantem und stationärem Sektor und innerhalb dieser Sektoren
- Einfache Prüfmöglichkeiten sowie
- Flexibilität und Anpassungsfähigkeit an veränderte Umstände.

Honorierungssysteme haben also Auswirkungen auf das Versorgungssystem und die Qualität der medizinischen Versorgung - es gibt nichts Strukturierenderes als eine Gebührenordnung. Dies gilt übrigens nicht nur für die ambulante Versorgung, sondern auch den stationären Bereich. So können z.B. Fallpauschalen Strategien nach sich ziehen, Patientinnen und Patienten nach Operationen frühzeitig in eine kostengünstige Reha-Einrichtung zu verlegen, mit denen ein Krankenhaus einen Vertrag zur weiteren Betreuung abgeschlossen hat, um Kapazitätserhöhungen im eigenen Haus und damit häufigere Abrechnungen der Fallpauschalen realisieren zu können.
Es kommt auch, wie einzelne Beispiele zeigen, zu doppelten Abrechnungen der Fallpauschalen, wenn PatientInnen kurzfristig, z.B. für einen Tag entlassen und am folgenden Tag wieder aufgenommen werden. Auch dies führt zu einer Erhöhung von Fallzahlen mit z.T. gleichen PatientInnen. Und schließlich können Fallpauschalen Risikoselektionen nach sich ziehen, weil bei PatientInnen mit schwerwiegenden Begleiterkrankungen das Problem einer Unterdeckung durch eine Fallpauschale bestehen könnte. Solche Risikoselektionen wirken sich damit direkt unter dem Aspekt der Ökonomie gegen die PatientInnen aus, Qualitätseinbußen sind dabei denkbar.
All dies sind Auswirkungen, die schon theoretisch aus Gebührensystemen ableitbar sind. Daß diese Überlegungen auch praktische Auswirkungen haben, zeigen viele Beispiele.

12.2. Überversorgung als Rationalisierungspotentiale, Unterversorgung als Herausforderung

Es kann gar kein Zweifel daran bestehen, daß in unserem medizinischen Versorgungssystem Wirtschaftlichkeitsreserven bestehen, die durch falsch gesetzte Anreize aus den geltenden Gebührensystemen auch in der ambulanten Versorgung zu erklären sind. Insgesamt werden in der Bundesrepublik Deutschland die Ausgaben für unnötige oder fragwürdige medizinische Leistungen auf rund 10 % aller Ausgaben geschätzt, also auf rund 25 Milliarden DM. Diese finanziellen Fehlallokationen kommen z.B. durch die mangelnde Verzahnung des ambulanten und stationären Bereichs zustande: Doppeluntersuchungen und nicht notwendige diagnostische oder auch therapeutische Interventionen sind an der Tagesordnung. So schätzt Gerhardt, daß etwa 30 % aller Röntgenaufnahmen überflüssig sind, zum großen Teil wegen der sowohl ambulant als auch stationär durchgeführten bildgebenden Diagnostik. Er hat weitere interessenbedingte Mengenausweitungen festgestellt: So röntgen Teilradiologen, also z.B. Orthopäden oder Urologen mit eigener Röntgenausstattung in der Praxis, vier mal häufiger als Ärztinnen oder Ärzte aus den gleichen Fachgebieten ohne Röntgenausstattung, welche an Radiologen zur diagnostischen Abklärung überweisen (GERHARD 1996, 36: 270 - 278; KISTLER 1996).
Derzeit besonders diskutiert werden die unterschiedlichen Strategien bei der Versorgung von Herzinfarkt- oder Koronarpatienten. Bypass-Operationen, Angiographien und/oder die Ballondilatation bei Gefäßverschlüssen sind in diesen Fällen die häufigsten Verfahren in der Kardiologie. Auffällig sind allerdings die unterschiedlichen Häufigkeiten, mit denen diese Verfahren in verschiedenen Ländern durchgeführt werden. Professor Salim Yusuf aus Hamilton in Kanada hat nun die Ergebnisse einer solchen Vergleichsstudie (Organisation to Assess Strategies for Ischemic Syndroms / OASIS) in den Ländern Brasilien, USA, Kanada, Australien, Ungarn und Polen vorgelegt, in der es um PatientInnen mit akuter Koronarerkrankung ging (ÄRZTE-ZEITUNG 1997 S. 25 - 26). Insgesamt bezogen die Untersuchungen rund 8.000 PatientInnen mit akutem Koronarsyndrom ein. Die höchsten Nutzungsraten dieser Verfahren liegt in den USA und in Brasilien. In beiden Ländern war der Anteil der PatientInnen, bei denen innerhalb der ersten Woche in der Klinik eine Angiographie oder Ballondilatation durch-

geführt wurde, jeweils etwa dreimal höher als in den übrigen Ländern (Angiographie 58,4 % versus 20,2 %, PTCA 15,9 % versus 4,9 %), die Rate der Bypass-Operationen lag sogar um den Faktor sieben höher (11,5 % versus 1,6 %). Die Ergebnisse waren dann allerdings frappierend: Trotz der unterschiedlichen Behandlungsstrategien bewegten sich die Raten der aufgetretenen Todesfälle oder akuter Herzinfarkte in den unterschiedlichen Ländergruppen auf nahezu gleichem Niveau. Nach sechs Monaten fiel die Rate an Todesfällen und Infarkten sogar leicht zuungunsten der beiden Länder mit der intensiveren Strategie aus (11,3 % versus 10,7 %).

Etwas anderes wurde in der Studie offensichtlich: Die Krankenhäuser, die über alle technischen Möglichkeiten verfügten, zeigten auch eher die Bereitschaft, diese Techniken zu nutzen, eine Strategie, die zumindest nach den erhobenen Daten für die PatientInnen nicht unbedingt von Vorteil war. So wurden 4.674 PatientInnen einer aggressiven invasiven Therapie unterzogen, 3.200 einer eher konservativen Therapie.
Eine weitere Studie (Veteran Administration Non-Q-Wave-Infarction-Strategies in-Hospital / VANQUISH) kam zu ähnlichen Ergebnissen, auch hier kam es in der aggressiver behandelten Gruppe zu einer höheren Zahl von Todesfällen. Auch die Dauer der Behandlung war deutlich länger als bei der konservativ behandelten Gruppe.

Professor William E. Boden aus Syracuse im Staate New York, der Leiter dieser Studie, kam zu dem Schluß, daß die von vielen Ärzten geradezu reflexartig durchgeführte Katheterisierung bestimmter Infarktpatienten als ungünstig entlarvt worden sei. Und er empfiehlt dringend, zunächst eine konservative Therapie zu wählen, bis sich der Zustand des Herzinfarktpatienten stabilisiert hat, bevor im Einzelfall über weitergehende Maßnahmen entschieden wird. Fazit: Es sind nicht die maximalen Möglichkeiten der Medizin, die dem Patienten nützen, es sollten vielmehr die für ihn optimalen in der jeweiligen Situation angewendet werden. Dies gilt vor allem dann, wenn sich unnötig aggressive Strategien sogar negativ auswirken.
Ähnliche Ergebnisse liegen auch für die Bundesrepublik Deutschland vor. So berichtete Prof. von Leitner über erste Ergebnisse eines Projekts der leitenden Krankenhauskardiologen zur Anwendung von Herzkathetern bzw. einer Ballondilatation von Herzkranzgefäßen, daß von zirka 25.000 Eingriffen, die pro Jahr durchgeführt werden, etwa 6.000 als „ungerechtfertigt" klassifiziert werden müssen. Dabei bedeutet „ungerechtfertigt", daß die Pa-

tientInnen besser mit einem anderen Verfahren behandelt werden sollten, z.B. mit einer medikamentösen Therapie oder mit einer Bypass-Operation (FRANKFURTER RUNDSCHAU 1997 S. 8). Therapiestrategien müssen also immer wieder überdacht werden - weniger ist auch in der Kardiologie manchmal mehr!

Rationalisierungsreserven liegen auch im Bereich der Arzneimittelversorgung. So werden Jahr für Jahr Arzneimittel verordnet, die in ihrer therapeutischen Wirksamkeit und in ihrem Nutzen für die PatientInnen als umstritten gelten oder deren Zusammensetzung als obsolet betrachtet werden muß. Die Ausgaben für diese Arzneimittelgruppen betragen immerhin 7,1 Milliarden DM, 22 % aller Ausgaben für Arzneimittel im Rahmen der GKV. Viele dieser Mittel müssen durch nützliche und ausreichend wirksame Mittel ersetzt werden, dennoch verbleibt ein geschätztes Einsparpotential von 2 - 3 Milliarden DM, weil Mittel wie z.B. topische Venenmittel, Leber- und Gallemittel oder viele Enzym-, Mineral- und Vitaminpräparate sowie pflanzliche Immunstimulantien völlig eingespart werden können, ohne die Qualität der Arzneimittelversorgung zu verschlechtern (SCHWABE/PAFFRATH 1995).

Neben der Überversorgung sind aber auch Felder einer Unterversorgung bekannt. So hat z.B. D. Hölzel 1996 darauf hingewiesen (Bericht in der Süddeutschen Zeitung vom 11.01.1996), daß nach der Einführung des Wirkstoffes Cisplatin im Jahre 1979 die Heilungschancen von Hodentumoren für einen Teil der Patienten von 45 auf 90 Prozent verdoppelt wurden. Trotz der eindeutigen Resultate dauerte es dann etwa acht Jahre, bis alle Ärzte das neue Medikament als „Standard" akzeptierten. Diese verspätete Akzeptanz, so hat Hölzel berechnet, hat etwa 1.500 Patienten das Leben gekostet.

Unterversorgung ist auch bei der Schmerztherapie onkologischer Patientinnen und Patienten zu beklagen. Wie wäre es sonst zu erklären, daß der durchschnittliche Morphinverbrauch in Dänemark, berechnet nach Tagesdosierungen pro Kopf der EinwohnerInnen, trotz ähnlicher Daten der Prävalenz von onkologischen Erkrankungen wie in der Bundesrepublik, um 14 mal höher liegt? Es scheint eine verbreitete Zurückhaltung davor zu bestehen, Schmerzpatienten individuell angemessen auch mit stark wirksamen

Schmerzmitteln zu behandeln. Unterversorgung, legitimiert mit dem irrationalen Argument einer möglichen Abhängigkeitsentwicklung.

Unterversorgung auch z.B. im Bereich der Versorgung von Diabetikerinnen und Diabetikern: Nach wie vor werden nur bei rund der Hälfte der Patienten regelmäßig Untersuchungen des HbA1c-Wertes durchgeführt, der als wichtigster Parameter für eine normoglykämische Einstellung gilt (DCCT-TRIAL RESEARCH GROUP 1993, 329: 977 - 986), ebenso selten sind Untersuchungen des Augenhintergrundes, des Fußpulses und der Nierenfunktion. Dabei sind diese diagnostischen Hinweise erforderlich, um den schwerwiegenden Folgeerkrankungen wie Blindheit, diabetische Angiopathie und Neuropathie mit dem Risiko der Amputation und diabetischer Nephropathie wiederum mit dem Risiko der Dialysepflichtigkeit vorzubeugen. Rund 28.000 Amputationen, 9.000 Erblindungen und 1.500 - 2.000 neue Dialysefälle pro Jahr gehen zurück auf nicht ausreichend behandelte und betreute Diabetes-Patienten - Qualitätssicherung der Versorgung wird hier zum Patientenschutz!

12.3. Qualitätssicherung im niedergelassenen Bereich als Strategie für eine optimale Versorgung

Qualitätssicherung in der Medizin ist keine „Erfindung“ unserer Zeit, eine der Leitideen läßt sich bereits um 2800 v. Chr. im Namen des altägyptischen Arzt-Wesirs Imhotep festmachen, der ins Deutsche übersetzt soviel bedeutet wie „jener, der Zufriedenheit bringt“. Unter den allgemein zu beobachtenden Finanzierungsproblemen der Gesundheitsversorgungssysteme hat aber die 'moderne' Qualitätssicherung mehr und mehr als programmatische Aufgabe übernommen, die Anwendung ineffektiver diagnostischer, therapeutischer und rehabilitativer Behandlungsmaßnahmen zu verhindern. Ziel ist letztlich die Verringerung von Fehlallokationen medizinischer Leistungen und die Steigerung der Wirtschaftlichkeit oder der Effizienz der PatientInnenversorgung durch die Anwendung von Methoden, die ihre Effektivität nachgewiesen haben. Die Interpretation des Qualitätsbegriffs aus Sicht der Medizin könnte daher lauten: „Qualität medizinischer Versorgung ist die Gesamtheit der Merkmale eines Prozesses oder eines Objektes hinsichtlich der Eignung, vorgegebene Erfordernisse im Sinne der Patientin/des Patienten und unter Berücksichtigung des aktuellen Kenntnisstandes der Medizin zu erfüllen." Dieser Vorschlag von G. Viethen (VIETHEN 1995) stimmt auch überein mit den Anforderungen im 5. Sozialgesetzbuch (SGB V) nach Wirksamkeit, Qualität, Wirtschaftlichkeit und Humanität für alle Leistungen, die in der Bundesrepublik Deutschland für die Versorgung aller gesetzlich Versicherter zu beachten sind. Sie berücksichtigt auch die unterschiedlichen Ebenen der Qualitätssicherung, wie sie von A. Donabedian (DONABEDIAN 1966, 44: 166 - 203) mit Strukturqualität, Prozeßqualität und Ergebnisqualität vorgeschlagen wurden: Sowohl die Qualifikation der Behandler und der Institution (Strukturqualität) wie aber auch die Anwendung medizinischer Kenntnisse und die Dokumentation der durchgeführten medizinischen Interventionen (Prozeßqualität) führen letztlich zu dem jeweiligen Behandlungsergebnis, das sich durch den Gesundheits- und Zufriedenheitszustand der Patientin/des Patienten feststellen läßt (Ergebnisqualität).

Haben wir aber ausreichende Kenntnisse aus dem Alltag der medizinischen Versorgung, um diese Ebenen 'füllen' zu können? Möglicherweise lassen sich Qualifikationen der Behandler, die Qualität der Institution oder Dokumentationsdaten, die während der Behandlung erhoben werden, noch am ehesten zusammentragen. Weitere Kerngrößen sind allerdings erforderlich, wie schon der Sachverständigenrat für die konzertierte Aktion im Gesundheitswesen 1995 veröffentlicht hat. So z.B. Informationen zum Behandlungskontext, Angaben zur Multimorbidität, Angaben zum Krankheitsschweregrad usw. Und doch beginnt schon hier das Mißverständnis: Transparenz bei solchen Daten bedeutet noch keine Qualitätssicherung, sie ist allenfalls Voraussetzung - Dokumentation von Quantitäten bedeutet keine Sicherung der Qualität.

Sicherlich ist es notwendig, zu wissen, welche Ärzte welcher Fachrichtungen in großem Umfang zweifelhaft wirksame Arzneimittel bei bestimmten Diagnosen verordnen, um eine Optimierung der Behandlungsqualität einleiten zu können. So entfallen in der Bundesrepublik Deutschland noch immer etwa 75 % aller verordneten Migränemittel auf nicht sinnvoll kombinierte Präparate, ein positives Behandlungsergebnis ist mit diesen Mitteln nicht zu erwarten: Wenn eine Migräne behandelt werden muß, sind diese Mittel weder wirksam noch wirtschaftlich, dennoch wird die GKV mit 85 Millionen DM für solche zweifelhaften Medikamente belastet. Hier kann in noch recht einfacher Weise von einer mangelnden Strukturqualität (der Ärzte und der Mittel) auf mangelhafte Qualität rückgeschlossen werden. Bei der Anwendung von wirksamen Mitteln wird es dagegen schon schwieriger: Benzodiazepine, wie z.B. die 'Urmutter' Valium, können sinnvoll eingesetzt werden - hier ist die Diagnose wichtiges Beurteilungskriterium (z.B. bei Fieberkrämpfen oder als Muskelrelaxans vor ambulant durchgeführten operativen Eingriffen) -, dennoch sind leider viel zu viele Fälle einer iatrogen induzierten Abhängigkeit bekannt geworden, wenn Mittel wie Valium nicht nach dem Kenntnisstand eingesetzt werden. Das Stichwort 'Valium' bietet allerdings im Gegensatz zu den nicht sinnvoll kombinierten Migränemitteln noch kein Aufgreifkriterium für Qualitätsdiskussionen, hier ist eine Bewertung des Therapieverlaufs erforderlich. Ähnliches gilt für die viel zu häufig angewendete Osteodensitometrie: Sie mag als Begleitverfahren bei einer bereits diagnostizierten Osteoporose sinnvoll eingesetzt werden können, in ihrer Aussagefähigkeit und -kraft als Diagnostik- oder Screeningmethode gilt sie weiterhin als umstritten - Belastung für die GKV rund 40 Millionen DM pro Jahr.

So wichtig diese Ansätze einer Bewertung der Behandler, der behandelnden Institutionen oder der angewendeten Mittel auch sind - Qualitätssicherung ist mehr: Sie fragt nämlich, wie das erreichte Behandlungsergebnis im Vergleich zu einem optimal erreichbaren zu bewerten ist. Stimmt es mit dem Erreichbaren überein oder werden Defizite festgestellt, die einen Optimierungsprozeß in Gang setzen müssen? Für eine Qualitätssicherung müssen daher Kriterien und Indikatoren gefunden werden, anhand derer sowohl der Therapieverlauf als auch die Beurteilung der Ergebnisse möglich sind. Nur wenn vor der Behandlung ein Therapieziel festgelegt wurde, kann auch der Grad der Zielerreichung und die Versorgungsqualität gemessen werden. Leitlinien können solche Prozesse fördern, sie enthalten die für eine Behandlung wesentlichen Indikatoren, die ein gutes Behandlungsergebnis fördern können. Wenn bei Typ-1-Diabetikerinnen und -Diabetikern Spätkomplikationen wie Amputationen, Erblindung und Dialysen vermieden werden sollen (s.o.), ist z.B. die kontinuierliche Kontrolle des HbA1c-Wertes unerläßlich - dennoch wird dieser Wert bei weniger als der Hälfte der Diabetiker überhaupt gemessen. Am Beispiel Diabetes läßt sich daher sehr gut erkennen, wie sehr mangelnde Struktur- und Prozeßqualität die Ergebnisqualität negativ beeinflußt.

Qualitätssicherung in der medizinischen Versorgung, ob ambulant oder stationär, bedingt daher die Formulierung optimaler Behandlungsstrategien, meßbar durch 'robuste' Indikatoren, sie verlangt nach einer Theorie diagnosebezogener Behandlungsabläufe, die sich aus dem allgemein anerkannten Kenntnisstand in der Medizin herleiten lassen. Es sind allerdings für die Krankenversicherungssysteme erste eigene Schritte auf dem Weg zu diesem Ziel denkbar, so zum Beispiel

- die Optimierung der Strukturqualität, u.a. durch Weiterbildungsanforderungen, gekoppelt mit erfolgsorientierter Honorierung,

- die verbesserte Organisation des Behandlungsablaufs, z.B. durch eine engere Vernetzung von ambulanter und stationärer Behandlung oder durch vertraglich abgesicherte konsiliarische Therapiekommissionen in der ambulanten Versorgung,

- die Förderung von Dokumentationssystemen zugunsten einer verbesserten Transparenz, um Erfahrungen in der Auswertung von Behandlungsabläufen zu gewinnen (n.b.: Die Verweigerung der Transparenz ist in der regel Anbieterschutz!) und

- die Beeinflussung des Gesundheitsmarktes, z.B. durch die Etablierung von Technology/Treatment-Assessment-Centres als obligatorische „Eintrittspforte" zum Markt, um nicht länger der vielfach qualitätsmindernden angebotsinduzierten Nachfrage ausgeliefert zu sein.

Letztlich liegt allen Qualitätssicherungskonzepten eine verbesserte Koordination, Kooperation und Integration der medizinischen Versorgungsabläufe zugrunde - medizinische Leitlinien sind daher unverzichtbare Bestandteile von Qualitätsicherungsmaßnahmen.

12.4. Leitlinien sind im Rahmen von Qualitätssicherungsstrategien unentbehrlich!

Die medizinische Versorgung muß rationaler werden, Überversorgung ist unnötig und belastet die PatientInnen, ohne den Krankheitsverlauf abzukürzen, ja, sie fördert möglicherweise neue Symptome; Unterversorgung verzögert die mögliche Wiederherstellung der Gesundheit oder führt die PatientInnen in vermeidbare Risiken. Beides ist in höchstem Maße unethisch!

Vor allem die Überversorgungstendenzen in unserem Gesundheitssystem, bedingt durch die weiter oben diskutierten falsch gesetzten Anreize in dem geltenden Gebührensystem, schaffen erhebliche Rationalisierungsreserven, die zugunsten der finanziellen Entlastung des Versorgungssystems genutzt werden müssen. Die Nutzung solcher Rationalisierungsreserven ist keineswegs mit einer verstärkten Kommerzialisierung oder Wettbewerbsstrategie des Versorgungssystems zu erreichen. Das Gegenteil ist der Fall: Die heute zu beobachtende Kommerzialisierung der Patientenversorgung, wiederum Folge falsch gesetzter Anreize im Gebührensystem, muß beendet werden und Platz für Strukturen einer optimalen Versorgung machen, Maximalversorgung ist vielmehr Ausdruck eines kommerzialisierten Systems, das aus ökonomischen Interessen vor allem von Leistungsanbietern (aus)genutzt wird. Der Mißbrauch des Systems ist aber nicht nur auf Ärztinnen und Ärzte bzw. Institutionen im Versorgungssystem begrenzt, auch Patientinnen und Patienten tragen ihre Erwartungen und Ansprüche an dieses System heran, damit ihre Vorstellungen von Behandlungsintensität befriedigt werden. Insofern werden ÄrztInnen und PatientInnen häufig zu „Komplizen" in einem System, in dem allerdings das Machtgefälle eindeutig zuungunsten der Patienten verschoben ist und sie vielfach nur auf bereitgestellte Angebote reagieren.

Um die Rationalität, die Qualität und die Wirtschaftlichkeit des Versorgungssystems zu erhöhen, sind daher dringend Organisationsformen zu schaffen, in denen Leitlinien für Diagnostik und Therapie im Rahmen innovativer Strukturen und Honorierungsformen umgesetzt werden können.
Die meisten der bislang durchgeführten Evaluationsstudien haben gezeigt, daß Therapiefreiheit, wenn auch ein wichtiges Konstituens der medizini-

schen Ethik, vielfach ein wesentliches Element für Ineffizienzen ist. Therapiefreiheit kann im übrigen nur da - ethisch gerechtfertigt - reklamiert werden, wo aus gleichwertigen diagnostischen oder therapeutischen Verfahren das für den jeweiligen Patienten adäquate angewendet wird - alles andere wäre letztlich nur Therapeutenfreiheit, eine besonders unreflektierte Form der Therapiefreiheit. Therapieleitlinien oder „Therapiekorridore" bzw. Leitlinien für diagnostische Interventionen bieten daher für Ärztinnen und Ärzte den Rahmen gesicherter medizinischer Erkenntnisse und Hinweise zum therapeutischen Fortschritt, wie er in den Leistungsanforderungen des SGB V für die GKV gefordert wird. Sie schränken die Gefahr der Beliebigkeit in der Medizin ein und schaffen einen Zuwachs an Therapiesicherheit und Qualität - ein Gewinn für Ärzte und Patienten.

Im Rahmen von Qualitätssicherungsstrategien sind solche Leitlinien unentbehrlich, sie reflektieren eine Theorie der best-practice in der medizinischen Versorgung, die als Anforderung für qualitätsgesichertes Handeln in Diagnostik und Therapie implementiert werden muß. An solchen Leitlinien mangelt es derzeit noch - neben den ärztlichen Fachgesellschaften sollten auch die Krankenkassen auf deren Erarbeitung und Verabschiedung drängen. Vernetzte Praxen, Ärztegruppen oder gemeinsame Versorgungsstrukturen im Rahmen stationärer oder ambulanter Einrichtungen schaffen gute Voraussetzungen für die Implementierung von Leitlinien. Diese Implementierung muß begleitet werden von Strategien der Qualitätssicherung, die mit der Verbesserung der Transparenz der Behandlungsabläufe, einer adäquaten Dokumentation und Auswertungsstrategien (z.B. geeignet für Benchmarking) verbunden sein muß. Auf diese Weise kann auch die Konzeption einer evidence-based-medicine umgesetzt und für eine qualitativ hochwertige Versorgung genutzt werden. Organisationsanforderungen aus Sicht der Krankenkassen beinhalten auch die Durchführung von Kosten-Nutzen-Analysen, mit denen individualmedizinische Ansätze (medizinische „Schulen") mit dem Wohl der Allgemeinheit verbunden werden können. Ökonomische Parameter sollten als Hilfe herangezogen werden, bevor die Entscheidung einer diagnostischen oder therapeutischen Intervention gefällt wird. Wenn Ärzte neben der Verantwortung für die Indikation auch mehr und mehr die Verantwortung für die ökonomischen Konsequenzen aus diesen Entscheidungen übernehmen sollen, sind Kosten-Nutzen-Analysen unentbehrlich.

Diese Anforderungen bilden auch und gerade unter dem Aspekt neuer Versorgungsformen einen wichtigen Schutzfaktor für Ärzte und Patienten vor ungerechtfertigten ökonomischen Übergriffen (Rationierungen) auf die medizinische Versorgung: Wenn z.B. Managed-Care-Organisationen aus Profitgründen die medizinisch gebotenen diagnostischen und therapeutischen Möglichkeiten begrenzen und es Ärzten nicht mehr erlaubt ist, über existierende Alternativen aufzuklären, können allgemein konsensfähige Leitlinien mit ihrem Stand der medizinischen Kenntnisse eine wichtige Barriere gegen den ökonomischen Zwang bilden (LEVINSKY 1996, 334: 532-4). Leitlinien dienen in diesen Fällen dazu, die medizinische Notwendigkeit unangreifbar über die ökonomischen Erwartungen von Health Plans, Health Maintenance Organisations oder deren share-holders stellen zu können. Die Nichtbeachtung von Leitlinien kann schließlich als Verstoß gegen medizinische Standards gewertet werden. Leitlinien können daher auch im Bereich der PatientInneninformation und -aufklärung eine wertvolle Hilfe und Voraussetzung dafür bilden, daß sich ein/e PatientIn im Sinne des informed-consent entscheiden kann. Die Organisation eines solchen Aufklärungskonzeptes ist leider seit vielen Jahren verbesserungsbedürftig (ANGELI 1984, 310: 1115-6).

12.5. Ausblick

Die derzeitige Diskussion über die Qualitätssicherung in der Medizin ist vielfach überlagert durch die Ökonomie; wir müssen beide Aspekte zu einem „Strategiepaar" verbinden. Die Ökonomie in der Gesundheitsversorgung kann nämlich helfen, Wege aufzuzeigen, wie mit den verfügbaren Mitteln mehr und mit weniger Mitteln das gleiche in der medizinischen Versorgung zu erreichen ist. Sie bietet damit eine Hilfe für die Entscheidungen der Ärztinnen und Ärzte, um auch in Zukunft die Verantwortung für die richtige Indikation, für das adäquate Therapieziel und für qualitätsgesichertes Handeln zu tragen. Das Spannungsfeld, das zwischen der Qualitätssicherung und der Ökonomie zu bestehen scheint, wird schon dadurch auflösbar, daß nur ein optimaler Ressourceneinsatz vertretbar ist, Überversorgung hat wie Unterversorgung nichts mit einer qualitätsgesicherten Versorgung gemein. Strategien hin zu einer effizienten Versorgung eröffnen daher Wege zu Rationalisierungsstrategien in der Medizin, da sie Überflüssiges und Nichtnotwendiges identifizieren und schließlich vermeiden helfen. Im Rahmen solcher Strategien ist die Erstellung von Leitlinien für Diagnostik und Therapie unentbehrlich, damit nicht ökonomische Begehrlichkeiten über die Anforderungen an eine optimale Versorgung mit dem medizinisch Gebotenen obsiegt. Eine so verstandene Rationalisierung der medizinischen Versorgung ist daher auch nicht von Kommerzialisierung begleitet, sondern geradezu von einem Zwang zum Abbau kommerzieller Interessen von Leistungsanbietern, die bislang - nahezu ungehindert - die Strategie einer angebotsinduzierten Nachfrage für ihren Vorteil nutzen konnten.

Die Qualitätssicherung wird somit zu einem Katalysator für die Strategie, Rationalisierungsreserven im Versorgungssystem nutzen zu können und die Rationierung, also das bewußte Vorenthalten medizinisch notwendiger Leistungen, zu vermeiden. Qualitätssicherung wird somit zum aktiven Patientenschutz und damit auch zur vordringlichen Aufgabe für Krankenkassen.

Literatur:

VERBAND FORSCHENDER ARZNEIMITTELHERSTELLER Statistics, Bonn 1997

LANGE S, RICHTER K, KÖBBERLING J. Knochendichtemessung zur Früherkennung der Osteoporose - Entscheidungshilfe oder Selbstzweck. Argument-Jahrbuch 1994; 22: 56 - 78

GLAESKE G, WALZIK E. Das Primärarztsystem - eine Versorgungsalternative für die Zukunft? Die Ersatzkasse 1994; 9: 338 - 342

RICHARD S. Qualitätssicherung und technologischer Wandel im Gesundheitswesen. Baden-Baden: Nomos 1993. S. 174 ff.

DONNER-BANZHOFF N, KREIENBROCK L, BAUM E. Vergleich Deutscher und Britischer Allgemeinmedizin - Analyse von Prozeßdaten. 1993. Manuskript beim Verfasser.

GROL R. Qualitätssicherung und Qualifizierung in der Hausarztmedizin der Niederlande. Hamburger Ärzteblatt 1994; 6: 205 - 208

FISCHER N. EBM-Reform 1996. Weiterentwicklung der Vergütungsstruktur in der ambulanten Versorgung. Die Ersatzkasse 1995; 11: 442 - 448

SACHVERSTÄNDIGENRAT für die Konzertierte Aktion im Gesundheitswesen. Sondergutachten 1989 bzw. 1995. Baden-Baden: Nomos 1989 bzw. 1995

GERHARDT P. Diagnostische Radiologie im Spektrum der Kostenentwicklung in der Medizin. Radiologie (1996) 36: 270-278 sowie Kistler E. „Lean Service im Krankenhaus". Ausgliederung von Krankenhausabteilungen und Telemedizin. INIFES 1996

WISSENSCHAFTS-JOURNAL FORSCHUNG UND PRAXIS der Ärzte-Zeitung Nr. 240, Juli 1997, 25 - 26

FRANKFURTER RUNDSCHAU Interview vom 23. August 1997, S. 8

SCHWABE U, PAFFRATH D. Hrsg. Arzneiverordnungs-Report '95. Stuttgart, Jena: Gustav Fischer 1995

DCCT-Trial Research Group The Effect of Intensive Treatment of Diabetes on the Development and Progression of Long-term Complications in Insulin-dependent Diabetes Mellitus, N Engl J Med 1993; 329: 977-986

VIETHEN G (1995) Qualität im Krankenhaus. Grundbegriffe und Modelle des Qualitätsmanagements. Schattauer, Stuttgart

DONABEDIAN A (1966) Evaluating the Quality of Medical Care. Milbank Mem Fund Quart 44: 166 - 203 und dergl. (1969) A Guide to Medical Care Administration. Vol. II: Medical Appraisal - Quality and Utilization. NY Am Pub Health Ass

LEVINSKY NG. Social, Institutional, and Economic Barriers to the Exercise of Patients' Rights. N Engl J Med 1996; 334: 532-4

ANGELI M. Respecting the Autonomy of Competent Patients. N Engl J Med 1984, 310: 1115 - 6.

13. Grundlagen der Qualitätssicherung in der Allgemeinmedizin

Dr. Erwin Rebhandl

Ich danke den Arbeitskreisen für Qualitätsförderung der ÖGAM (Österr. Gesellschaft für Allgemeinmedizin), der OBGAM (Oberösterr. Gesellschaft für Allgemeinmedizin) und allen Moderatoren und Mitgliedern von Qualitätszirkeln für die bisher geleistete Arbeit.

13.1. Einleitung

Qualitätssicherung wird derzeit als Zauberwort für viele Wünsche, Erwartungen und Ziele im Gesundheitssystem verwendet. Qualität in der Allgemeinmedizin bedeutet für uns die Frage nach der Güte der medizinischen Versorgung der Bevölkerung.

Qualitätsförderung (Qualitätssicherung) versteht sich als eine kontinuierliche berufs-begleitende Anstrengung zur Fehlererkennung und Fehlerkorrektur. Dabei werden „Fehler" nicht negativ bewertet, sondern als Ansatzpunkte für Verbesserungen gesehen. Wesentlich ist, daß nur Ärzte selbst und teilweise ihre PraxismitarbeiterInnen Qualitätsfragen in der Allgemeinmedizin klären können und sollen.

Selbstverständlich ist, daß die Qualitätssicherung patientenzentriert ist und damit sämtliche Aspekte der PatientInnenbetreuung umfaßt. Die Beschäftigung mit der Qualität der PatientInnenbetreuung soll Selbstverständlichkeit der täglichen Praxisarbeit sein und Qualitätssicherung soll integraler Bestandteil der ärztlichen Aus-, Fort- und Weiterbildung sein, so wie es die ÖGAM bei ihren Fortbildungsveranstaltungen handhabt.

Das wichtigste Instrument der Qualitätssicherung für AllgemeinmedizinerInnen ist die regelmäßige Teilnahme an ärztlichen **Qualitätszirkeln.** AllgemeinmedizinerInnen treffen sich in Kleingruppen von 5 - 15 Teilnehmern alle 4 - 6 Wochen für ca. 2 Stunden zu einem strukturierten Erfahrungsaustausch, am besten unter der Leitung einer/eines Moderatorin/Moderators. Dabei ist das Gruppenerlebnis das zentrale Element, es wird die Isolierung in der Praxis und im eigenen Berufsfeld aufgehoben. Der eigene Erfahrungsaustausch und die persönlichen Kompetenzen werden deutlich und die TeilnehmerInnen erleben sich als Experten ihres eigenen Tuns.

Jedes Mitglied eines Qualitätszirkels wird zum gleichwertigen, tragenden Bestandteil bei der Erfüllung einer gemeinsamen Aufgabe. Indem neben das ärztliche Handeln selbst auch eine kritische Spiegelung desselben vor dem Urteil der Kollegen tritt, eröffnet sich eine neue Dimension beruflicher Erfahrung.

Qualitätszirkel bieten auch die Möglichkeit, den aktuellen medizinischen Wissensstand bezüglich definierter Krankheitssituationen zu verbreitern oder die Übertragbarkeit andernorts bewährter Vorgangsweisen auf die Allgemeinpraxis zu überprüfen und gegebenenfalls zu modifizieren. Weiters können Praktikabilität und Sinn von Versorgungszielen aufgezeigt werden und umsetzbare Versorgungsschritte und Zeitziele erarbeitet werden.

Qualitätszirkel haben mittelbare qualitätssichernde Auswirkungen. Was heute in der Gruppe diskutiert und erfahren wird, wirkt sich morgen auf die Arbeit in der Praxis positiv aus. Wichtig erscheint mir auch die Abgrenzung der Primärmedizin von der Krankenhausmedizin und eine verstärkte Identitätsbildung der AllgemeinmedizinerInnen. In erster Linie können nur ExpertInnen, nämlich die Hausärzte, Zusammenhänge in ihrer Tätigkeit erkennen, Versorgungsprozesse und Entscheidungen offenlegen und in definierte Qualitätsfragen überführen.

Jede Qualitätssicherung, die sich nicht auf subtilste Kenntnisse und Erfahrungen der Versorgungsrealität berufen kann, läuft Gefahr, die wirklichen Qualitätsprobleme zu verfehlen und durch starre Regeln Kosten und Leistungen zu vermehren, ohne eine Verbesserung der Gesundheit zu erzielen.

13.2. Leitgedanken zur Qualitätsentwicklung in der Allgemeinmedizin

nach einem Statement der Europäischen Arbeitsgruppe über Qualität in der Allgemeinmedizin (EquiP), einer Arbeitsgruppe der WONCA Europe (ESGP/FM), der Europäischen Gesellschaft für Allgemeinmedizin

1.

Qualitätsentwicklung ist ein fester Bestandteil des beruflichen Selbstverständnisses.

2.

... umfaßt einen lebenslangen Lernprozeß und kontinuierliche Verbesserung.

3.

... berücksichtigt möglichst viele Dimensionen der Versorgung, d.h. neben individuellen z.B. auch strukturelle, familiäre, praxisspezifische, regionale bzw. überregionale Aspekte.

4.

... sollte integraler Bestandteil von Maßnahmen zur Aus-, Weiter- und Fortbildung sein.

5.

... sollte zu einem selbstverständlichen Bestandteil der täglichen Praxisroutine werden.

6.

... impliziert eine Verantwortlichkeit gegenüber der Gesellschaft und beinhaltet die Berücksichtigung patientenorientierter Aspekte wie PatientInnenzufriedenheit und Akzeptanz.

7.

... fördert die sinnvolle Nutzung von Gesundheitsdienstleistungen.

8.

... muß die besonderen Rahmenbedingungen der Allgemeinmedizin berücksichtigen.

9.

... erfordert eine intensive Evaluation und Begleitforschung und damit finanzielle, personelle und sachliche Ressourcen.

10.

... darf nicht als sanktionierendes Kontrollprinzip durchgesetzt werden.

13.3. Dimension der Qualität – Qualitätskategorien

13.3.1. Strukturqualität

- Persönlichkeit der Ärztin/des Arztes
- Ausbildung der Ärztin/des Arztes
- Weiterbildung
- Praxisausstattung und Organisation
- Versicherungsvertrag und Gesundheitssystem
- Qualifikation der MitarbeiterInnen
- Örtliche Gegebenheiten (Stadt – Land, Lage der Ordination, etc.)
- Verfügbarkeit von FachärztInnen und Krankenhäusern
- Dokumentationsmöglichkeiten, wie Praxis-EDV

13.3.2. Prozeßqualität

- Anamnesetechnik
- Untersuchungstechnik
- Therapie der Ärztin/des Arztes
- Überweisung und Einweisung (Indikationsstellung)
- Zusammenarbeit mit KollegInnen und MitarbeiterInnen
- Interaktion Arzt/Ärztin – PatientIn, sowie MitarbeiterIn – PatientIn
- Gesprächsführung

13.3.3. Ergebnisqualität

- Besserung oder Heilung von Krankheiten
- Zufriedenheit von PatientIn und Arzt/Ärztin, sowie auch von Sozialversicherung und Gesundheitspolitik
- Lebensqualität
- Qualitätsindikatoren
- Änderung gesundheitsbezogener Verhaltensweisen

Weitere Begriffe aus der Qualitätssicherung

Qualitätsindikatoren
Meßgrößen, die Auskunft über die Qualität geben (z.B. Blutdruck, Lipide, HbA1c, Häufigkeit der Krankenhauseinweisungen, Krankheitsdauer, Komplikationsrate etc.).

Qualitätskategorien
Von einer Expertengruppe festgesetzter Wert eines Qualitätsindikators, der die theoretische Grenze zwischen guter und schlechter Qualität angibt.

Qualitätsstandard
Legt eine Mindestqualität, die vom Durchschnitt abweichen kann, fest.

13.4. Qualitätszirkel

13.4.1. Was ist ein Qualitätszirkel?

Ein Qualitätszirkel ist eine Arbeitsgruppe von 5 - 15 niedergelassenen ÄrztInnen, die sich freiwillig, kollegial, kontinuierlich, themenzentriert, zielbezogen, erfahrungsbezogen und strukturiert die Verbesserung oder Sicherung ihrer Arbeit zum Ziel machen.

In Qualitätszirkeln werden die konkreten Strukturen und Prozesse der täglichen Praxisarbeit erkannt und analysiert. Dies ist die Voraussetzung, um praktikable Verbesserungs- und Umsetzungsvorschläge erarbeiten zu können. Die teilnehmenden Ärzte und Ärztinnen beschreiben im Rahmen einer kollegialen Diskussion unter Leitung eines Moderators praxisbezogen ihre eigene ärztliche Handlungsweise, vergleichen sie mit der Handlungsweise ihrer KollegInnen oder mit vorgegebenen Leitlinien und bewerten sie. Als ModeratorInnen sind Ärzte und Ärztinnen geeignet, die über hinreichende Erfahrung in der eigenen Praxis verfügen und die bereit und in der Lage sind, KollegInnen für die Mitarbeit in Qualitätszirkeln zu motivieren. Hilfestellung für ModeratorInnen bieten Schulungskurse, die von Gesellschaften für Allgemeinmedizin und Ärztekammern angeboten werden.

Die Qualitätszirkeln unterscheiden sich somit durch die konkrete und problembezogene Integration des Wissens in den Praxisalltag von Fortbildungsveranstaltungen, bei denen unter Leitung eines übergeordneten Experten reines Fachwissen vermittelt wird. Es erfolgt **keine Qualitätskontrolle von außen oder oben**, sondern die eigenständige und selbstbewußte Auseinandersetzung mit der Qualität bestimmt das Vorgehen der TeilnehmerInnen.
Diese interne Qualitätssicherung, die Ziel der Qualitätszirkelarbeit ist, bedeutet einen dauerhaften, problemorientierten und weiterqualifizierenden Lernprozeß.

13.4.2. Typen hausärztlicher Qualitätszirkel

Regelmodifizierender Qualitätszirkel:
Vorhandene Leitlinien werden auf ihre praktische Anwendbarkeit überprüft und modifiziert. Es soll das vereinbarte Vorgehen bis zum nächsten Treffen in der Praxis überprüft werden.

Forschender Qualitätszirkel:
Neue Handlungsorientierungen (Leitlinien) werden zu einem speziellen Thema erarbeitet.

Supervisionszirkel
Im kollegialen Erfahrungsaustausch wird fallbezogen, exemplarisch gelernt, ohne generelle Konzepte zu entwickeln.

Die Entscheidung für die eine oder andere Art des Qualitätszirkels obliegt den ZirkelteilnehmerInnen. Die Teilnahme ist freiwillig, innerhalb der Qualitätszirkellaufzeit sollte sie jedoch kontinuierlich erfolgen.

13.4.3. Bedeutung von Qualitätszirkeln für die hausärztliche Versorgung

Kontinuierlicher interkollegialer Austausch	***statt***	sporadischer Nutzung von Fortbildungsangeboten und Isolation in der eigenen Praxis.
Hilfestellung aus der Praxis für die Praxis	***statt***	Fortbildung aus der Krankenhausperspektive.
Berücksichtigung der Mehrdimensionalität von Krankheit und der Subjektivität des Arztes	***statt***	Ausrichtung an einem monokausal angelegten Krankenhauskonzept.
Fachliche und emotionale Entlastung durch interkollegiale Supervision in offener Atmosphäre	***statt***	ärztlicher Tätigkeit ohne Entlastung und externer Unterstützung.
Eigenständige Professionalisierung und Aufwertung hausärztlichen Selbstverständnisses	***statt***	Gefühl der zweitrangigen „Feld-, Wald- und Wiesenmedizin"
Nachweis besonderer Qualitätswertigkeit zuwendungsorientierter Versorgung bei der Auseinandersetzung um Verteilung von Ressourcen im Gesundheitswesen	***statt***	einseitiger Bevorzugung scheinbar höherwertiger Leistungen technikorientierter Medizin.
Selbstbestimmte Qualitätsförderung mit Reflexion der Alltagspraxis von unten („bottom up")	***statt***	bürokratischer Qualitätskontrolle am „grünen" Tisch von oben („top down").
Spaß und Freude am Beruf durch interkollegiales und interaktives Lernen am eigenen Handeln	***statt***	innerem Widerstand gegen klassische theorielastige Fortbildungsformen, mit Expertendominanz.
Verbesserung der Versorgung durch Reflexion der Alltagspraxis	***statt***	nicht mehr hinterfragte Handlungsroutine.

Nach BAHRS / GERLACH / SZECSENYI, Ärztliche Qualitätszirkel, 2. Auflage 1995, S. 60

13.5. Leitlinien

13.5.1. Definition

Leitlinien sind wissenschaftlich begründete und praxisorientierte Empfehlungen, die zu einem bestimmten Thema Entscheidungshilfen geben, wie im Rahmen der niedergelassenen praktischen Tätigkeit eine dem jeweiligen Stand des medizinischen Wissens entsprechende, qualitativ gute Versorgung der PatientInnen erreicht werden kann. Sie sind nicht verbindlich.

Leitlinien sollen kein starres Regelwerk sein und können die ärztliche Entscheidung auf Grund der Gesamtbeurteilung des einzelnen Patienten nicht ersetzen!

Eine Leitlinie soll unter anderem folgende Fragen beantworten:

Was ist notwendig?
Was ist in Einzelfällen nützlich?
Was ist überflüssig?
Was ist obsolet?
Was muß stationär behandelt werden?
Was kann ambulant behandelt werden?

Von den Leitlinien zu unterscheiden sind **Richtlinien.**

Richtlinien sind Handlungsregeln einer Institution, die für diese verbindlich sind und deren Nichteinhaltung Sanktionen nach sich ziehen.
Im Englischen werden beide – Leitlinien und Richtlinien – als „Guidelines" bezeichnet.

13.5.2. Strukturiertes Arbeitskonzept

Qualitätszirkel–interne praxisorientierte Empfehlung, die zu einem bestimmten Thema Entscheidungshilfen gibt, wie eine qualitativ gute Versorgung des Patienten erreicht werden kann. Sie ist ausschließlich zur Benutzung durch die Qualitätszirkel-TeilnehmerInnen konzipiert und nicht zur Veröffentlichung gedacht.

Das Arbeitskonzept ist primär nicht von offizieller Seite (Ärztekammer, Gesellschaft für Allgemeinmedizin, Fachgesellschaften) anerkannt und kann allenfalls als Basis für die Erstellung einer Leitlinie Verwendung finden.

13.5.3. Überlegungen zur Erstellung von Leitlinien

a) **Problemerkennung, Themenauswahl**
Kriterien: Relevanz für die tägliche Praxis, Häufigkeit, bisher unbefriedigende Problemlösungen, praktische Beeinflußbarkeit, Abgrenzbarkeit, Machbarkeit, wirtschaftliche Bedeutung u.a.

b) **Einschlußkriterien**
Für welche Patientengruppe wäre die Leitlinie geplant? Was sind die Leitsymptome?

c) **Erforschung des Istzustandes**

Strukturqualität:
Welche diagnostischen und therapeutischen Möglichkeiten stehen uns unmittelbar (in der Ordination) und mittelbar (Überweisungen) zur Verfügung?

Prozeßqualität:
Was machen wir?
Warum machen wir es in dieser Weise?
Wie ist das konkrete diagnostische Vorgehen?

Was veranlaßt ein unterschiedliches diagnostisches Vorgehen (Symptome, Alter, Geschlecht, Zusatzerkrankungen)?
Welche Rolle spielt der Zeitfaktor (abwartendes Offenlassen)?
Wie ist das konkrete therapeutische Vorgehen?
Wodurch werden unterschiedliche therapeutische Schritte ausgelöst?
Welche therapeutischen oder diagnostischen Schritte sollten bis zum nächsten Qualitätszirkel-Treffen in der Praxis überprüft werden?

Ergebnisqualität:
Warum ist die derzeitige Situation nicht zufriedenstellend?
Wie können wir die Qualität unseres Vorgehens erkennen?
Qualitätsindikatoren?

d) Leitlinienentwurf

Adaptierung bereits bestehender Leitlinien oder Neuentwurf.
Haben wir alle nötigen **Informationen**, um die Fragestellungen nach dem neuesten Stand der Medizin zu beantworten? Sind fachliche Zusatzinformationen nötig?
Erstellung eines **typischen Krankheitsverlaufes (Leitsymptome)** ohne Komplikationen und die dazu gehörigen differentialdiagnostischen und therapeutischen Schritte.
Auflistung der für die Praxis **relevanten Komplikationen.**
Auflistung der **Alarmsymptome**, die eine Abweichung vom typischen Krankheitsverlauf signalisieren. Alarmsymptome müssen nicht mit einer Verschlechterung des Allgemeinzustandes verbunden sein, es genügt z.B. das Persistieren eines Symptomes, wenn ein Abklingen typisch wäre.
Diagnostische und therapeutische Konsequenzen, die sich beim Auftreten von Alarmsymptomen ergeben. Festlegung der für dieses Krankheitsbild wichtigen Symptome und Befunde – z.B. Fieber, Alter des Patienten, Laborparameter, Blutdruck etc. (Leitparameter).
Festlegung der **Entscheidungskriterien für die Leitparameter**.
Bei der Pneumonie ist z.B. das Alter über oder unter 65 Jahre von Bedeutung für die Wahl des Antibiotikums. Die Kreislaufsituation (Puls, Blutdruck) kann entscheidend sein für eine Krankenhauseinweisung.

e) Gewünschte Maßnahmen umsetzen

Prüfung der Qualitätsindikatoren bis zum nächsten Qualitätszirkel-Treffen.

f) Überprüfung der Ergebnisqualität

(eventuell auch durch einen anderen Qualitätszirkel)
Ist das Ergebnis praktisch anwendbar (z.B. nicht zu kompliziert)?
Wie werden die diagnostischen, therapeutischen und administrativen Abläufe beeinflußt?
Was bringt das Ergebnis für meine PatientInnen?
Treten überhaupt Veränderungen auf?
Sind die Veränderungen durch die neuen Maßnahmen bedingt?
Zielen die Veränderungen in die gewünschte Richtung?
Welche unerwünschten Veränderungen treten gleichzeitig auf?
Die Evaluation muß dem Objekt der Untersuchung, nämlich der Hausarztpraxis, adäquat bleiben. Aufwendige Evaluationen stellen selbst eine erhebliche Intervention dar. Der Nachweis kausaler Zusammenhänge erfordert hohen Evaluationsaufwand. Im Qualitätszirkel wird in der Regel die Reflexion genügen müssen.

g) Zur Sicherstellung des aktuellen Wissensstandes

sollte eine Stellungnahme durch die betroffenen Fachgruppen erfolgen. Wenn zusätzliche Aspekte auftreten, müssen diese berücksichtigt werden.

h) Abschließende Adaptierung des Leitlinienentwurfes

i) Approbation als offizielle Leitlinie

durch die ÖGAM bzw. eine andere autorisierte Stelle (Zusammenarbeit Ärztekammer und ÖGAM) und Publizierung in einer allgemeinmedizinischen Fachzeitschrift.

13.6. Etablierung von hausärztlichen Qualitätszirkeln

13.6.1. Initiation

Einladung des Teilnehmerkreises und Festlegung des organisatorischen Rahmens.

13.6.2. Vorbereitung

Versendung von vorbereitendem Material über die Arbeitsweise eines Qualitätszirkels mit Einbringung von motivierenden Aspekten (kollegiale Fortbildung, Überwindung der Einzelkämpfersituation, die eigenen Probleme über die Kollegenprobleme widergespiegelt bekommen und damit neue Ideen zu ihrer Bewältigung gewinnen, etc.)

13.6.3. Erstes Treffen

Gegenseitige Vorstellung der Person und der Erwartung bzw. der Wünsche an den Arbeitskreis.
Methoden der Zirkelarbeit darlegen.
Erarbeitung möglicher Themen (über Brainstorming, Multivoting).
Festlegung des aktuellen Themas.
Festlegung der Methode und des Zeitplanes.
Diskussion und Entscheidung über die Dokumentationsform bzw. Protokollerstellung.
Diskussion über die Rolle des Moderators: Wer soll die Funktion übernehmen? Ist ein Moderatorenwechsel in der Gruppe vorstellbar? Soll ein Moderator von außen eingeladen werden, um Gruppenblindheit zu vermeiden? Soll dem Moderator ev. ein Strukturbeobachter beigestellt werden, der darauf zu achten hat, daß sich die Gruppe nicht in Richtung „Stammtischplauderei“ entwickelt?

Nach dieser Klärungsphase kommt die erste eigentliche Interaktionsphase in Form einer exemplarischen Falldiskussion, um auch am ersten Abend über theoretische und organisatorische Belange, die jedoch für den folgenden Gruppenprozeß wichtig sind, hinauszukommen.

13.6.4. Vorbereitung der zweiten Sitzung

Aussendung des Protokolls der ersten Sitzung mit Arbeitsplan für die zweite Sitzung.

13.6.5. Zweite Sitzung

Bewertung der Ergebnisse der ersten Sitzung auf ihre Praxisrelevanz und auf ihr Verbesserungspotential durch jeden einzelnen Teilnehmer. Überlegungen zur Dokumentation bzw. Datenerhebung der Praxiswirklichkeit und ihrer Qualitätsverbesserung entsprechend dem vereinbarten Gruppenziel.

13.6.6. Motivation

Als mögliche Vorteile einer Teilnahme am hausärztlichen Qualitätszirkel können genannt werden:

Durch bessere Selbstbeobachtung und gemeinsame Analyse der hausärztlichen Arbeitswirklichkeit ist eine Verbesserung in allen Bereichen der täglichen Arbeit und letztendlich eine bessere Patientenversorgung zu erwarten.

Eine Profilierung als Experte der eigenen Tätigkeit mit einem Gewahrwerden der eigenen Besonderheit ist möglich und steigert das Selbstbewußtsein.

Ein besseres Verständnis für die Arbeit der anderen mit besseren, bestärkenden, kollegialen Kontakten und fachlicher und emotionaler Entlastung ist zu erhoffen. Die Modifikation vorgegebener Leitlinien bringt eine intensivere Auseinandersetzung mit dem Für und Wider eines Themas und eine Befreiung von einem befürchteten „Leitliniendiktat". Der wunde Punkt einer vorgegebenen Leitlinie wird rascher erkannt. Eine Rechtfertigung eines im individuellen Praxis-Fall eingeschlagenen Weges fällt – wem gegenüber auch immer – leichter. Gute Leitlinien helfen, bei den vielen in kurzen Zeitabschnitten in ganz verschiedenen Bereichen der Medizin angesiedelten täglichen hausärztlichen Entscheidungen, Sicherheit zu gewinnen.

13.6.7. Hindernisse für die Teilnahme an einem Qualitätszirkel

Worte wie Qualitätssicherung, Qualitätsverbesserung, Leitlinien, Standards, Richtlinien sind mit negativen Gefühlen verbunden, wenn jemand selbst davon betroffen wird. Es ist angenehmer, Qualität von jemand anderem einzufordern, als selbst von dem Wunsch danach betroffen zu sein.

Der Zeitaufwand wird gefürchtet, insbesondere dann, wenn der zu erwartende Lerneffekt zu wenig vorausschaubar erscheint.
Interaktive Fortbildungsformen erzeugen in manchen die Angst, geprüft oder kritisiert zu werden bzw. einem kontrollierenden Gruppenprozeß ausgeliefert zu sein.

Mit Qualitätssicherung wird natürlich auch die Befürchtung verbunden, daß die tägliche Arbeit mit einem unerreichbaren Ideal verglichen wird und damit eine schon vorhandene Alltagsfrustration noch verstärkt wird. Überdies könnten Leitlinien ein Gefühl der Einengung der Entscheidungsfreiheit auslösen. Natürlich ist auch eine mangelhafte Ausschreibung zu nennen.

13.7. Schlußbemerkungen

Qualität ist im Bereich der niedergelassenen AllgemeinmedizinerInnen nicht mit ISO-Zertifikationen zu erreichen. Nur die freiwillige kontinuierliche berufsbegleitende Auseinandersetzung mit dem eigenen Handeln in der täglichen Praxis und der strukturierte Erfahrungsaustausch in ärztlichen Qualitätszirkeln kann der Bevölkerung langfristig eine allgemeinmedizinische Betreuung auf hohem Niveau sichern.

Qualitätssicherung in der Allgemeinmedizin kann nur durch ExpertInnen für Allgemeinmedizin, eben Ärzte/Ärztinnen für Allgemeinmedizin, erfolgen. Große Anstrengungen und finanzieller organisatorischer Aufwand sind erforderlich, um die ÄrztInnen zu motivieren und Qualitätsförderungsarbeit zu ermöglichen.

Die Sozialversicherungen, gesundheitspolitische Gremien und die Ärztekammern sind aufgerufen, gemeinsam mit den wissenschaftlichen Gesellschaften für Allgemeinmedizin die teilweise bereits vorhandenen Qualitätsförderungsmaßnahmen zu unterstützen und auszubauen.

Literatur

BAHRS, O.; GERLACH, F.M., SZECSENYI, J. (Hrsg.): Ärztliche Qualitätszirkel, Leitfaden für den niedergelassenen Arzt, Deutscher Ärzteverlag Köln, 1995

BERGER, H., KEPPLINGER, E., WALLENTIN, P., REBHANDL E.: Grundlagen für Qualitätszirkelarbeit in der Allgemeinmedizin, OBGAM-ÖGAM – Arbeitspapier, 1998

BRAUN, R.N.; MADER, F.H., DANNINGER, H.: Programmierte Diagnostik in der Allgemeinmedizin, Springer, Berlin Heidelberg New York Tokio 1990

DONABEDIAN, A.: Explorations in Quality Assessment and Monitoring, Volume I: The Defination of Quality and Approaches to its Assessment, Ann Arbor, MI 1980

DONABEDIAN, A.: Explorations in Quality Assessment and Monitoring, Volume II: The Criteria and Standards of Quality, Ann Arbor, MI 1982

GERLACH, F.M.; BAHRS, O.: Qualitätssicherung durch hausärztliche Qualitätszirkel – Strategien zu ihrer Etablierung, Ullstein Verlag

GLEHR, R.: Etablierung hausärztlicher Qualitätszirkel, ÖGAM Arbeitspapier, 1997

MECHTLER, Reli.: Qualitätssicherung im ambulanten Bereich

In: BERNER, Peter; ZAPOTOCKY, Klaus (Hrsg.): Gesundheit im Brennpunkt Band 3, Veritasverlag, Linz 1992

SZECSENYI, J.; GERLACH, F.M. (Hrsg.) Stand und Zukunft der Qualitätssicherung in der Allgemeinmedizin, Hippokrates Verlag 1995

AutorInnen

Bernard Braun, Dr. rer.pol., Dipl.-Soz., Zentrum für Sozialpolitik der Universität Bremen, *Arbeitsschwerpunkte:* Gesundheitsberichterstattung, Public Health, Gesundheitssystemforschung, *Publikationen:* 1998: B. Braun/H. Kühn/H. Reiners: Das Märchen von der Kostenexplosion. Populäre Irrtümer zur Gesundheitspolitik, Frankfurt/M.

Eberhard Danmayr, Österreichisches Bundesinstitut für Gesundheitswesen, Ludwig Boltzmann Institut für klinische Onkologie, *Arbeitsschwerpunkte:* Gesundheitsplanung, Medizinische Dokumentation, *Publikationen:* 1975, 1986, 1994: Österreichischer Krankenanstaltenplan; 1997, Danmayr/Glatz/Kaim: Struktureller Bedarf in der psychiatrischen Versorgung, Bundesministerium für Arbeit, Gesundheit und Soziales, Wien.

Harald Gaugg, Sektionschef, Dipl. Ing., Bundesministerium für Arbeit, Gesundheit und Soziales, *Arbeitsschwerpunkte:* Gesundheitsreform, Strukturpolitik im Gesundheitswesen, Krankenanstaltenfinanzierung, Klinischer Mehraufwand, Gesundheitsökonomie.

Michael Gehrer, Dr., Stmk. KAGES, Abteilung für Krankenhaushygiene, *Arbeitsschwerpunkte:* Mitarbeit und Unterstützung bei der Wahrnehmung der Agenden des Krankenhaushygienikers nach § 11a des KALG in den steirischen Landeskrankenhäusern.

Gerd Glaeske, Dr.rer.nat., Barmer Ersatzkasse, Wuppertal, *Arbeitsschwerpunkte:* Arzneimittel-Epidemiologie, pharmakologische Beratung, Qualitätssicherung, neue Versorgungs- und Vertragsformen (Managed-Care, Disease-Management), Verbraucherberatung im Arzneimittelmarkt, *Publikationen:* 1995: G. Glaeske, J. Lederer: Arzneimittel ohne Arzt. Arge der Verbraucherverbände, Bonn. 1995: R. Bettschart, G. Glaeske, K. Langbein, R. Saller, Ch. Skalnik: Bittere Naturmedizin. Kiepenheuer & Witsch, Köln. 1997: R. Bettschart, G. Glaeske, B. Kofler, R. Saller: Kursbuch Schmerz. Kiepenheuer & Witsch, Köln. 1997: G. Glaeske, J. Günther, S. Keller: Nebenwirkung Sucht. Medikamente, die abhängig machen. Kunstmann-

Verlag, München, sowie zahlreiche Einzelveröffentlichungen zur Qualitätssicherung und Pharmakoökonomie.

Johann Mayr, Mag., Oberösterreichische Gebietskrankenkasse, Linz, *Arbeitsschwerpunkte:* Leitender Angestellter.

Oskar Meggeneder, Mag. DDr., Oberösterreichische Gebietskrankenkasse, Linz, *Arbeitsschwerpunkte:* Gesundheitssystemforschung, Präventions-, insbesondere Gesundheitsförderungsforschung. *Publikationen:* gemeinsam mit Erich Pospischil: Arbeitsmedizinisches Handbuch der Berufe, Linz 1993; gemeinsam mit Gerhard Elsigan: Arbeit gestalten - Gesundheit fördern, Wien 1995; Abara Kadabara is a Kibara a Habara. Zur Arbeits- und Berufssituation von PolizistInnen, Linz 1996 (2. Aufl.); gemeinsam mit Fritz Berger (Hrsg.): Stand der medizinischen Prävention und Rehabilitation in Österreich, Linz 1997; gemeinsam mit Horst Noack (Hrsg.): Krankenstände im Betrieb - Wie können sie reduziert werden?, Linz 1998.

Helmut Mittermayer, Univ.-Prof. Dr. med., Institut für medizinische Mikrobiologie und Hygiene/Krankenhaus der Elisabethinen, Linz, *Arbeitsschwerpunkte:* Mikrobiologie, Infektionskrankheiten, Krankenhaushygiene, *Publikationen:* 1996: Mittermayer/Pietsch (Hrsg): „Impfmanagement - Qualitätssicherung und Prävention"; Buchbeitrag in „Innere Medizin" Bd. 2, 1993 sowie zahlreiche Beiträge in in- und ausländischen Fachzeitschriften.

Petra Müller, Dipl.-Soz., Berlin-Brandenburg Institut für Sozialforschung u. sozialwissenschaftliche Praxis (BIS) e.V., Berlin. *Arbeitsschwerpunkte:* Gesundheits- und Sozialpolitik, Organisationssoziologie. *Publikationen:* 1994: „Gesundheitsförderung und Prävention durch den öffentlichen Gesundheitsdienst - Konzepte, Strategien und Perspektiven in Berlin" (FU Berlin, BERLIN-FORSCHUNG); 1995: Lebenserwartung erwerbstätiger Frauen. Forschungsprojekt im Auftrag des BMA, hg. vom Bundesministerium für Arbeit und Sozialordnung, Forschungsbericht Sozialforschung Bd. 252, Bonn (zus. mit Häussler, Bertram/Meyer, Sibylle/Reschke, Peter/Schulze, Eva/Staffeldt, Thomas); 1997: Das intelligente Haus - selbständige Lebensführung im Alter. Möglichkeiten und Grenzen vernetzter Technik im Haushalt alter Menschen. Frankfurt/New York (zus. mit Meyer, Sibylle/Schulze, Eva); 1997: Gesundheitsförderung durch den Öffentlichen Gesundheitsdienst. Problemfelder und Perspektiven. In: Das Gesundheitswesen 4/1997; 1997: Gesundheitsförderung Ansatzpunkt für eine Neuorientierung des öffentlichen Gesundheitsdienstes? Ergebnisse einer empirischen Untersuchung in Berlin. In: Jahrbuch für kritische Medizin 26. Hamburg.

R. Horst Noack, Univ. Prof. Dr., Ph.D., Universität Graz, Institut für Sozialmedizin, *Arbeitsschwerpunkte:* Sozialepidemiologie, Gesundheitsförderung, Gesundheitssystemanalyse und Public Health; *Publikationen:* 1998: Noack R.H., Research for Health Promotion: A Challenge for the 21st Century. In World Health Organisation, Review and Evaluation of Health Promotion. WHO/HPR/HEP/41CHP/RET/98.1, 53 - 91. 1998: Noack R.H., Editorial, Gesundheit und Sozialstatus, wiener klinische wochenschrift 110/11: 383 - 387; 1998: Noack, H., Meggeneder O. (Hrsg.), Krankenstände im Betrieb - Wie können sie reduziert werden? Schriftenreihe „Gesundheitswissenschaften" Bd. 8, Linz; 1999: Noack, R.H., Public Health an der Schwelle zum 21. Jahrhundert: Modernisierung, Herausforderung, Vision. In Polak, G. (Hrsg.), Handbuch Public Health, Springer (in Druck).

Franz Piribauer, Dr. med; M.P.H; Amt der Stmk. Landesregierung, Fachabteilung Gesundheitswesen, *Arbeitsschwerpunkte:* Steuerung Gesundheitswesen, Gesundheitsförderung, Qualitätsmanagement, *Publikationen:* 1989: Sonneck, G., Piribauer, F. and Ring, E., Der Umgang mit Dialysepatienten, 1 edn. Vienna: Facultas-Universitätsverlag, 1996: Maryscha, C., Urban, E. and Piribauer, F. , Anforderungen an einen bezirksorientierten Gesundheitssurvey in Wien. In: Lobnig, H. and Pelikan, J.M., (Eds.) Gesundheitsförderung in Settings: Gemeinde, Betrieb, Schule und Krankenhaus. Eine österreichische Forschungsbilanz, 1 edn. Vienna: Facultas Universitätsverlag, sowie zahlreiche Beiträge in in- und ausländischen Fachzeitschriften.

Erwin Rebhandl, Dr. med. univ. Arzt für Allgemeinmedizin, ÖGAM (Österreichische Gesellschaft für Allgemeinmedizin), *Arbeitsschwerpunkte:* Allgemeinmedizin, Qualitätssicherung, allgemeine ärztliche Aus-, Fort- und Weiterbildung.

Friedrich Wilhelm Schwartz, Prof. Dr. med., Medizinische Hochschule Hannover, Abt. Epidemiologie, Sozialmedizin und Gesundheitssystemforschung; Universität Hannover, Forschungsstelle für Gesundheitsökonomie und Gesundheitssystemforschung. *Arbeitsschwerpunkte:* Management, Epidemiologie, Versorgungsforschung, vergleichende Gesundheitssystemforschung, Gesundheitspolitik. *Publikationen:* 1998: Schwartz FW., et al. (Hrsg.): Das Public-Health-Buch. Gesundheit und Gesundheitswesen. München, Wien, Baltimore: Urban & Schwarzenberg.

Heinrich Tinhofer, Ing. Mag., Hauptverband der österreichischen Sozialversicherungsträger, *Arbeitsschwerpunkte:* Betriebsinformatik, *Publikationen:* 1995: G. Flemmich (Hrsg.): Anforderungen an den modernen Sozialstaat, ÖGB Verlag; 1998: Pelikan/Stacher/Grundböck/Krajic (Hrsg.) Virtuelles Krankenhaus zu Hause - Entwicklung und Qualität von ganzheitlicher Hauskrankenpflege, Reihe „Gesundheitswissenschaften- Gesundheitsförderung" Facultas Universitätsverlag; 1997: Berger - Meggeneder (Hrsg.): Stand der medizinischen Prävention und Rehabilitation in Österreich, Schriftenreihe Gesundheitswissenschaften. Diverse Artikel in der Fachzeitschrift „Soziale Sicherheit".

Matthias Wismar, Dr. phil., Medizinische Hochschule Hannover, Abt. Epidemiologie, Sozialmedizin und Gesundheitssystemforschung; Universität Hannover, Forschungsstelle für Gesundheitsökonomie und Gesundheitssystemforschung. *Arbeitsschwerpunkte:* Vergleichende Gesundheitssystemforschung, Gesundheitspolitik, Management, *Publikationen:* 1998: Wismar M., Busse R., Schwartz FW.:Gesundheitsziele: Konzeptionelle, methodische und politische Überlegungen zu ergebnisorientierten Gesundheitszielen. Sozialer Fortschritt 47(11): 272-279. 1998: Wismar M.: Europa regiert schon lange heimlich mit. Gesundheit und Gesellschaft (10): 28-35. 1998: Wismar M., Busse R.: Mut zur Lücke? Die Neuorientierung in der zahnmedizinischen Versorgung und ihre Alternativen. Zeitschrift für Gesundheitswissenschaften, 6(3): 205-221

TagungsteilnehmerInnen

Safile Akbal / Im Haus der Frauengesundheitsbeauftragten / 1010 Wien
Peter Asanger / Amt d. Salzburger Landesregierung / 5010 Salzburg
Dr. Michael Banekovich / Magistrat Wien MA 15-Ref I/18 / 1020 Wien
Mag. Werner Bencic / OÖ Gebietskrankenkasse / 4020 Linz
LABG. Mag. Alexandra Bolena / Liberales Forum Landtagsklub / 1080 Wien
Dr. Josef Brunmair / Freiheitlicher Landtagsklub / 4020 Linz
Präs. Mag. Heinrich Burggasser / Österr. Apothekerkammer / 1090 Wien
Mag. Gerhard Burgstaller / Ärztekammer f. OÖ / 4010 Linz
Mag. Ursula Dickbauer / 1180 Wien
Mag. Patricia Dirisamer / LNK Wagner-Jauregg / 4020 Linz
Dr. Peter Eichler / AUSTRIA-Collegialität / 1020 Wien
Robert Fischer / Arbeiterkammer NÖ / 1061 Wien
Dr. Günter Flemmich / AK - Wien / 1040 Wien
Dr. Eva Flicker / Institut für Soziologie / 1010 Wien
Dr. Rudolf Forster / Universität Wien, Inst. f. Soziologie / 1020 Wien
Rainer Freudenthaler / OÖ Gebietskrankenkasse / 4020 Linz
Doris Gartner / LBI Frauengesundheitsförderung / 1180 Wien
Mag. Hansjörg Gmeiner / Salzburger Landesregierung / 5010 Salzburg
Dr. Sven Grube / Universität, Inst. f. Mathematik, Statistik / 9020 Klagenfurt
Dr. Walter Grunt / OÖ Gebietskrankenkasse / 4020 Linz
Mag. Michael Haas / Humanomed / 1040 Wien
Dr. Vera Hahn / Amt d. OÖ Landesregierung, Sanitätsdirektion / 4020 Linz
Margot Ham / Grüner Klub / 1080 Wien
Mag. Volker Hammer / Pensionsversicherung / 1050 Wien
Dr.Dr. Erika Hardt-Stremayr / Wiener Krankenanstaltenverbund / 1010 Wien
Dr. Anna Christine Hauser / Ärztekammer Wien / 1010 Wien
Dr. Katharina Heimerl / IFF, Gesundheit u. Organisationsentw. / 1070 Wien
Dir. Dr. Walter Hengl / Tiroler GKK / 6020 Innsbruck
Jürgen Himmelbauer / OÖ Gebietskrankenkasse / 4020 Linz
Mag. Johannes Hohenauer / Liberales Forum Landtagsklub / 1080 Wien
Dr. Brigitte Horwath / Magistrat Linz, Gesundheitsamt / 4040 Linz
Dr. Wolfgang Huber / KH d. Barmh. Schwestern / 1060 Wien
Eva Janes / Frauengesundheitsz. "Die Spinne und das Netz" / 8430 Leibnitz

Dr. Udo Kastner / Büro f. Qualitätsentwicklung im Gesundheitswesen u. Politikberatung / 8010 Graz
Erwin Kepplinger / 4060 Leonding
Mag. Franz Kiesl / OÖ Gebietskrankenkasse / 4020 Linz
Dr. Werner Kinschner / Magistrat Wien, MA 145 / 1013 Wien
Dr. Stefan Klampferer / BM für Wissenschaft, Verkehr und Kunst / 1010 Wien
Günter Klug / Dachverb. d. sozialpsychiatrischen Vereine Stmk. / 8010 Graz
Dir. Dr. Michael Kohlbacher / VA d. österr. Bergbaues / 8011 Graz
Dir. Stv. Josef Kolmer / Sozialversicherungsanstalt der Bauern / 4020 Linz
Dr. Michael Konrad / SVA d. gewerbl. Wirtschaft / 4010 Linz
Mag. Astrid Koranda / NÖ Landesregierung / 3109 St. Pölten
Dr. Karl Krajic / LBI f. Medizin- und Gesundheitssoziologie / 1010 Wien
Albin Krczal / 1180 Wien
Alessandra Kunz / Grüner Klub / 1080 Wien
Edwin Ladinser / 1090 Wien
Dir. Thomas Lammer / Akademie für Ergotherapie / 4020 Linz
Dr. Erna Lang-Hartl / LNK Wagner-Jauregg / 4020 Linz
Michael Leitner / OÖ Gebietskrankenkasse / 4020 Linz
Irma Magenbauer / Magistrat, Wiener Krankenanstaltenverbund / 1010 Wien
Priska Maier / KAV, Schule f. Psych.G u. KP / 1145 Wien
Vst.Dir. DI. Berndt Martetschläger / Stmk. Krankenanstalten / 8036 Graz
Dr. Birgit Mraczansky / OÖ Landesregierung / 4020 Linz
Dr. Christian Müller / Gemeinde Wien, Ma 15/ 1010 Wien
Dr. Markus Narath / Stmk. KAGES / 8036 Graz
Dr. Andrea Olinovec / Sozial Global, Arbeitsmedizin / 1060 Wien
Mag. Dieter Paschinger / OÖ Gebietskrankenkasse / 4020 Linz
Univ.Prof.Dr. Jürgen M. Pelikan / Ludwig Boltzmann-Institut f. Medizin und Gesundheitssoziologie / 1010 Wien
MinR. MedR. Dr. Vladimir Petrinsky / 1223 Wien
Univ.Prof.DI.Dr. Karl Pfeiffer / Institut für Biostatistik und Dokumentation Uni Innsbruck / 6020 Innsbruck
Dipl. Ing. Claudia Pirngruber / OÖ Gebietskrankenkasse / 4020 Linz
Dr. Gerhard Polak / Ärztekammer f. Wien / 1010 Wien
Dr. Günter Porsch / BM f. Arbeit, Gesundheit u. Soziales / 1010 Wien
Dr. Johann Povysil / Tagesklinik Dr. Povysil GesmbH. VIP / 4020 Linz
Mag. Herta Rack / BM f. Arbeit Gesundheit u. Soziales / 1010 Wien
Otto Rafetseder / 1200 Wien
Mag. Ingrid Rath / HPE / 1070 Wien

Dr. Christian Richner / Interdisziplinare Beratung im Gesundheitswesen / CH-8400 Winterthur
Univ.Doz.Dr. Karl Sablik / NÖ Landesakademie / 3109 St. Pölten
Dr. Christian Scharinger / Aids Hilfe Linz / 4020 Linz
Mag. Johann Schrattenecker / OÖ Gebietskrankenkasse / 4020 Linz
Mag. Sigrid Schröpfer / Steirische Ges. f. Gesundheitsschutz / 8010 Graz
Dr. Regina Schwestka / ÖVP-Klub Parlament / 1017 Wien
Univ.Doz.Dr. Elisabeth Seidl / IPG / 1190 Wien
Dr. Georg Spiel / LKH Klagenfurt / 9020 Klagenfurt
Mag. Erika Stelzl / Allg. Krankenpflegeschule / 8039 Graz
Dir. Dr. Josef Striegl / Sozialversicherungsanstalt der Bauern / 4020 Linz
Mag. Martin Traxler / Österr. Apothekerkammer / 1090 Wien
Dr. Hanno Ulmer / Universität Innsbruck, Institut für Biostatik/ LBI für Epidemiologie / 6020 Innsbruck
Dir.Dipl.Ing. Völkl / VA d. österr. Bergbaues / 8010 Graz
Dr. Gerhard Weintögl / Ärztekammer f. NÖ / 1010 Wien
Prim. Mr. Dr. Friedrich Wepner / OÖ Gebietskrankenkasse / 4020 Linz
Mag. Peter Wieninger / Hauptverband d.ÖSVT / 1031 Wien
Dr. Claudia Wild / Institut f. Technikfolgenabschätzung / 1010 Wien
Mag. Thomas Worel / BM f. Arbeit, Gesundheit u. Soziales / 1010 Wien
Dir. Mag. Alfred Wurzer / Kärntner Gebietskrankenkasse / 9021 Klagenfurt
OSR Dr. Wolfgang Zwins / Magistrat Wien / 1010 Wien